슬픔을
쓰는 일

IVP(InterVarsity Press)는
캠퍼스와 세상 속의 하나님 나라 운동을 지향하는
IVF(InterVarsity Christian Fellowship)의 출판부로
생각하는 그리스도인을 위한 문서 운동을 실천합니다.

슬픔을 쓰는 일

정신실

상실의 늪에서 오늘을 건져 올리는 애도 일기

IVP

차례

들어가며 · 7

나쁜 딸이 드리는 사랑의 기도 · 14

숨 쉬기 위해 쓰다

세상에서 가장 긴 장례식 · 23 | 미친년 글쓰기 · 29

그러니까 써요, 언니 · 33 | 결 · 37 | 엄마, 몸 · 41

엄마가 죽었거든요 · 46 | 오늘이라는 저주 · 50

엄마의 딸의 딸의 기도 · 57 | 마지막 말 · 65

슬픔의 깊은 연대

몸이 다시 사는 것을 믿사오며 1 · 75

몸이 다시 사는 것을 믿사오며 2 · 81

몸이 다시 사는 것을 믿사오며 3 · 88

연결 · 96 | 슬픔의 연대 · 100 | 따뜻한 국물 · 108

분노를 위한 시간 · 113 | 창피했던 엄마, 창피한 나 · 121

언어, 빛나는 삶의 비밀 · 130

그리움의 노래

> 허무의 강, 떠오르는 것들 • 139
>
> 영예로운 퇴장, 6남매의 엄마 • 146
>
> 몸이 슬프다고 말할 때 • 153
>
> 찔레꽃, 그리움의 노래들 • 162 │ 음식, 마음의 위로 • 169

삶으로 남은 유언

> 고아 의식 • 179 │ 고아 의식, 아들 • 187
>
> 고아 의식, 딸 • 195 │ 유산, 돈 • 204
>
> 예배, 삶으로 남긴 유언 • 215 │ 합장, 그리고 탈상 • 228

벚꽃 엔딩: 끝나지 않는 애도를 향하여 • 239

애도의 계절을 함께 지나온 책 • 250

추천의 글 • 252

• 일러두기
1. 본문에 인용된 노래 가사는 KOMCA(한국음악저작권협회)의 허락을 받아 게재하였습니다.
2. 실제 대화를 인용할 때, 일부 단어나 어구가 문법에 맞지 않더라도 소리 나는 대로 인용한 부분이 있습니다.

들어가며

쓰인 글

이 책은 쓴 것이 아니라 쓰인 글이다. '미친년 글쓰기'라는 원색적 표현이 딱 들어맞는다. 이제 와 이름을 붙이자니 '애도 일기'이지, 당시에는 슬퍼하거나 애도할 수 있는 상태가 아니었다. 그냥 어쩌다 글을 한 편 썼는데, 그러고 나니 숨통이 트이는 것이었다.

쓰고 나면 읽을 힘이 생겼다. 애도에 관한 세상 모든 책을 읽을 기세로 읽었다. 아침마다 눈을 뜨면 다시 숨을 쉬기 위해, 읽기 위해, 하루를 살기 위해 썼다. 이런 날들을 지내며 '미친 정신'이 제정신으로, 쓰이던 글이 쓰는 글이 된 것 같다. 그러니까 첫 글이 '쓰인' 글이라면, 장례 후 6개월 무렵에 쓴 마지막 글은 '쓴 글'이다. 탈상이다! 힘을 다해 마지막 문장을 쓰고 강한 의지로 마침표를 찍었으니, 첫 글과 마지막 글 사이는 쓰인 글과 쓴 글의 그러데이션이라고 할 수 있겠다.

　쓰인 글에서 쓴 글로 바뀌게 된 힘은 사람, 독자에게서 왔다. 나는 어떤 글이든 의식적으로 독자를 세우려 한다. 그렇게 할 때 그나마 읽을 만한 글이 된다. '쓰인' 글에서는 독자를 상정할 수 없다. 실은 그런 의식조차 없었다. 그저 나 자신이 쓰는 사람이며 동시에 읽는 사람이었다. 그러다 시간이 지나면서 오랜 습관대로 독자가 떠올랐다. 막연한 누군가가 아니라 아홉 살에 엄마를 잃은 친구, 그리고 중학교 때 엄마를 떠나보낸 제자, 이 두 여성이 명확하게 내 안에 떠올랐다. 나는 글을 써서 그나마 숨도 쉬고 밥맛을 느끼게 되었는데, 엄마 잃은 다른 이들은 어떻게 살아남았을까 싶었다. 이 나이에, 글로 애도할 힘이 있는 나도 이렇게 막막한데 친구는, 제자는 어떻게 견뎠을까. 어떻게 살아남았을까.

쓴 글

심리치료를 공부하고, 마음이 아픈 사람들을 만나면서 알게 되었다. 오늘 겪는 대부분의 고통은 '애도하지 못한 언젠가'에서 기인한 것임을. 그때 충분히 울었어야 했는데, 울음을 삼키고 슬픔을 막아 버린 탓에 몸과 마음의 숨 쉴 구멍들이 하나둘 막혀 버린 것이 오늘의 고통이라는 것을.

과연 재난 같은 슬픔 앞에서 온전히 자기 자신으로 머무를 수 있는 사람이 얼마나 될까. 나조차도 글을 쓰지 않았다면 과연 어떤 방법으로 애도의 터널을 빠져나올 수 있었을까. 어쩌다 내가 글로 숨을 쉬게 되었는지는 모르겠지만, 이 은총을 혼자 누릴 수는 없으니 엄마 잃은 또 다른 누군가를 위해 어떻게든 끝까지 써 보자는 마음이 생겼다. '쓰인 글'이 '쓰는 글'로 온전히 탈바꿈하는 시점이었다. 아버지 없이 자란 아이의 마음, 엄마 잃은 딸의 마음을 내보여 같은 상실을 경험한 이들과 연결되고 싶어졌다. 이제라도 내 글을 읽으며 뒤늦은 슬픔을 느끼고, 애도의 공간으로 들어갈 누군가를 상정하니 힘이 났다.

쓰게 한 글

내 슬픔을 누군가의 슬픔에 잇댈 수 있다는 것은, 이미 내 안에 숨 쉴 공간이 생겨났다는 증거다. 연결은 치유의 증거다. 나에게 글쓰기는 치유이자 연결이다. 일찍 아버지 없는 아이가 되었던 나를, 엄마마저 잃을까 봐 두려움에 볼모 잡혔던 나를, 엄마를 잃고 따라 죽고 싶었던 나를 오늘의 나, 생명을 사는 나와 이어 주는 것이 글이다. 외로움과 자기 연민으로 고립된 나와 아픈 이웃을 이어 주는 길이다. 글이 내는 길, 글을 쓰다 열린 길이다.

 출간이 결정되지 않았다면 하염없이 써야 했을 것이다. 출간이 결정되고 나서 탈고를 핑계 삼아 마지막 글 "탈상"을 썼다. 그리고 숙원이던 글쓰기 모임을 열었다. 작정한 바는 없었는데, 내가 치유 공동체로 일구고 있는 연구소 프로그램으로 여성들의 글쓰기 모임을 시작하게 되었다. 그런데 뚜껑을 열고 보니 나를 위한 애도 작업의 연장이었다. 짧은 강의를 내어 주고 투명한 글을 선물로 받았다. 각자의 '그때', 충분히 울고 충분히 분노하지 못한 기억을 글로 써서 낭독하며 숨 쉴 공간을 만드는 시간이었다. 특히 나에게 그러했다.

 쓰인 글이 쓴 글이 되고, 이제는 '쓰게 한 글'이 길이 되고 있다. 글이 낸 길은 이렇듯 사람들로 가닿는다. 글이 아니라 글을 읽어 주는, 들어 주는 사람이 치유인지 모른다.

날아든 글

탈고 후 원고를 다시 읽는 일이 고통스러웠다. 출간을 위해서는 피할 수 없는데, 할 수 있는 모든 방법을 동원해 피하고 싶었다. 쓰던 그 순간과 비할 수 없는 감정이 밀려왔다. 하지만 끝까지 피할 수는 없는 일이었다. 더는 미룰 수 없었고, 어느 밤을 디데이로 잡았다.

그날 오후 우편물이 하나 도착했다. 「사랑하는 사람이 죽은 후 내가 산다는 것은」이란 제목의 번역물이었다. 작업에 도움이 되었으면 한다는 친필 엽서와 함께였다. IVP 신현기(당시) 대표님이 직접 번역하신 것이었다. 앞장에는 이런 문구가 인쇄되어 있었다. "이 번역본은 정신실 작가의 저술 참고용에 한하여 사용하도록 초역하여 제공한 것으로, 누구든 어떤 형태로든 전부 혹은 극히 일부라도 복사는 물론 열람할 수 없습니다." 번역물을 펼치기 전 그 문구에 머물러 한참을 울었다. 공식 문안일 텐데, 공식적 문장에 이렇듯 위로받을 수 있다니. 그리고 그 밤, 그 글을 읽으며 제대로 치르지 못한 엄마의 장례식을 마저 치른 것 같다. 차마 읽지 못했던 내 글을 다시 읽고 탈상, 아니 탈고를 할 수 있었다. 쓰인 글도, 쓴 글도, 쓰게 한 글도 아닌 어떤 '날아든 글'로 말할 수 없는 위로를 받았다.

신현기 대표님께 그때는 감정이 복받쳐 차마 전하지 못한 감사의 말씀을 뒤늦게 전한다. 편집자 심혜인 간사님 아니었으면 블로그 한 카테고리를 벗어나지 못할 글이었다. 따뜻한 독자로, 날카로운 편집자로 들어 주고 기다려 주며 함께해 주셔서 여기까지 올 수 있었다. 출간 과정 자체가 애도 작업의 연장이었는데, 두 분과 IVP에 깊이 감사드린다.

슬픔의 늪에서 헤어나지 못하는 내 곁에서 '오늘이 선물'이라고 한결같이 노래해 준 남편 김종필과 채윤, 현승에게 사랑과 고마움을 전한다. 아기가 된 엄마를 마지막까지 돌보고 보살폈던 올케 이선영에게 특별한 감사와 미안함을, 매일 제 할머니를 걱정시키고 웃게 했던 조카들 수현, 우현, 세현에게 사랑을 전한다. 그리고 내 동생 정운형. 나와 똑같은 아버지 상실, 엄마 상실을 겪었지만 나보다 강한 사람으로 서서 든든한 뒷배가 되어 준 동생이 없었으면 어쩔 뻔했나. 인생의 동지이며 믿음직한 글벗이기도 한 운형아, 고맙다. 마흔다섯 늦은 나이에 나를 낳고, 그리고 또 동생을 낳아 준 엄마가 가장 고마운 것 같기도 하다.

김영봉 목사님의 『사람은 가도 사랑은 남는다』를 비롯한 여러 저서, 박정은 수녀님의 『슬픔을 위한 시간』, 박미라 선생님의 『치유하는 글쓰기』 등, 일찍이 책으로 만난 좋은 선생님 덕에 애도와 글쓰기에 대해 예습을 할 수 있었다. 세 분 추천사에 미치지 못하는 글의 무게가 부끄럽지만, 그래서 더욱 큰 위로가 된다. 세 분 선생님께 머리 숙여 감사드린다.

    세 분의 글이 나를 준비시켰듯, 나의 글이 어느 독자에게 닿아 온전히 슬퍼하고 다시 살아 낼 힘을 드릴 수 있으면 좋겠다. 부모를 잃은 사람, 언젠가 부모를 잃을 사람에게 가닿았으면 좋겠다.

2021년 봄
정신실

나쁜 딸이 드리는 사랑의 기도

침대에서 낙상하여 골절상 입은 엄마가 응급실을 거쳐 요양병원으로 가셨다. 무너진 엄마의 몸을 마음에 끌어안고 주말을 보냈다. 코로나19로 면회도 되지 않는 요양병원에 엄마를 (가둬) 두었다. 지난주와 다름없이 유머 감각과 자존심이 살아 있는 엄마의 정신과 맑은 영혼이 노구에 갇히고 노인병원에 갇혔다.

응급실 침대에 덩그러니 놓인 엄마의 몸은 사람 몸 같지가 않았다. 이동 침대로 옮겨져 촬영장으로 끌려가고, 잠시 누웠다 피를 뽑히고, 또 무슨 검사를 하고. 100년 가까이 버텨 온 엄마 몸이 혹사당하는 걸 차마 눈 뜨고 볼 수가 없었다. 살살해 주세요, 살살, 살살이요⋯. 차마 말이 나오지 않았다.

피를 뽑아 가고, 몸을 옮겨 촬영장으로 끌고 가는 사람들이 엄마의 몸을 본다. 몸만 본다. 안면 골절로 멍들고 부은 얼굴을, 마른나무처럼 뻣뻣한 다리를, 주삿바늘 꽂힌 메마른 팔과 태초부터 연결되어 있었던 것 같은 주렁주렁 달린 주사액을 본다. 늙도록 늙고, 망가지고 무너진 몸만 본다. 그 몸에 그렇게 또렷한 마음과 생각이, 빛나는 영혼이 담겨 있는 줄 모를 것이다.

나는 넘어진 건 생각이 안 나는디, 뼈가 부러졌단다.
아푸지. 여기 얼굴이 젤 아퍼. 손도 아푸고.
하이고, 병원비는 어쩐다니….
고맙다. 복 받어라….

요양병원에서 입원 절차를 밟고 돌보는 분에게 부탁한다. 정신이 맑으세요. 자존심도 강하시고요. 말씀을 조심해 주시면…. 그러나 무너진 엄마의 몸을 보는 사람들이 그 부탁을 귀담아들을 리 없다.

마흔다섯, 이미 적잖이 늙은 몸으로 나를 낳았던 엄마는 병원에 갇혔다. 마흔다섯 엄마의 몸에서 뼛속 칼슘을 다 빼어 먹고 자라던 나도 꽤 늙었다. 그때의 엄마보다 한참 늙었다.

주말을 눈물로 보낸 월요일, 내 생일을 얼마 앞둔 월요일이다. 나를 낳은 엄마의 몸은 무너져 가는데, 엄마 몸에서 태어난 날을 축하하는 생일 선물을 사 주겠다는 남편을 따라나섰다. 내친김에 전부터 한번 가 보자 했던 어느 카페에 들렀다. 카페는 호텔 안에 있었고, 호텔은 하필 봉안당이었고, 또 교회였다. 교회 이름은 '부활교회.' 커피 마시고 한 바퀴 걷자던 발걸음이 부활교회까지 닿았다.

커다란 십자가 앞에 앉으니 잠시 잊었던 엄마의 노구가 다시 생각났다. 쇼핑하고, 커피 마시며 희희낙락하던 마음이 하릴없어졌다. 넋두리 같은 기도가 아무렇게나 새어 나왔다. 착한 딸이라면 할 수 없는 기도를 했다.

하나님, 이제 괜찮아요. 제 슬픔은 제가 어떻게 해 볼게요.
엄마의 영혼, 저 낡고 무거운 육신의 장막으로부터 해방해 주세요.

큰 병원으로 모셔서 정밀 검사를 받고, 수술이든 무엇이든 할 수 있는 것을 다 하자는 가족들이 있다. 나는 더 좋은 병원이 아니라 집으로 모시고 싶다. 그날 응급실에서 본, 짐짝이 된 엄마의 몸을 떠올리면 당장이라도 그러고 싶다. 면회조차 허락되지 않는 병원이 아니라 집, 엄마 방, 엄마 침대에 누워 계시면 좋겠다. 생각이 있고 마음이 있는, 무엇보다 빛나는 영혼을 가진 엄마 몸을 그대로 받아 주는 엄마 침대로 모시고 싶다. 할 수 있는 모든 노력을 다하자는 말 역시 엄마를 향한 사랑임을 알기에 차마 입을 떼지는 못했다. 그저 그 밤, 응급실 침대 위 엄마 몸을 보고 돌아오던 길에 통곡하며 했던 기도를 남몰래 자꾸 하게 된다.

하나님, 저 이제 괜찮아요. 엄마의 빛나는 영혼을 해방해 주세요!

권사 이옥금
―――――

1925.12.12. 출생
2020.03.11. 소천

숨 쉬기 위해 쓰다

맘껏 울 수 없는 처지에

통곡 대신 쓴다는 말을

조금 알 듯하다.

세상에서 가장 긴 장례식

❖ 2020년 3월 14일, 정신실의 페이스북

저의 엄마 이옥금 권사님이 지난 3월 11일 새벽 네 시 사십오 분 소천하셨습니다. 코로나바이러스로 인한 여러 어려움 감안하여 간소한 가족장으로 장례를 마쳤습니다. 아주 짧은 장례식이었습니다.

그러나 엄마의 장례식만큼 긴 장례식은 세상에 없을 것 같습니다. 저의 아버지는 제가 중학교 1학년 때 사고로 돌아가셨습니다. 재난처럼 밀려든 아버지의 죽음이 삶을 뿌리째 흔들었고, 그때로부터 죽음은 늘 가까이 살아 있는 공포였습니다. 엄마의 귀가가 조금만 늦어도 죽음을 상상하고 마음에 장례식을 꾸렸습니다. 언제 닥칠지 모르는 엄마의 죽음을 대비하는 삶이었습니다. 공포와 두려움은 저보다 두 살 어린 동생이 더했습니다. 저는 엄마의 죽음을 떠올릴 때마다 두 살밖에 차이 나지 않는 동생을 키우고 교육시킬 책임감에 구체적인 계획을 세우곤 했으니, 어릴 적부터 죽음을 짊어진 삶이었습니다. 평생 마음에 상복을 준비하고 사는 셈이었으니 얼마나 긴 장례식인지.

80세가 되기 몇 년 전부터 엄마는 '하나님이 나를 80에 불러 가실 것이다. 기도 응답을 받았다'라고 말씀하셨습니다. 80세가 되는 해, 하루 전날 12월 31일에는 동생과 함께 "엄마, 내일 천국 가네. 잘 가 엄마, 송구영신 예배 드리고 늦잠 잘 수도 있으니까 지금 인사할게" 하며 놀리기도 했지요. 엄마의 죽음을 웃으며 말할 수 있을 만큼 저도 동생도 단단해졌습니다. 80세, 85세, 87세… 천국 가는 기도 응답이 자꾸 연기되더니 엄마의 인사에 관용구가 하나 생겼습니다. "오래 살아서 미안허다. 고맙다. 복 받아라." 80세 천국행 기도 응답은 노구의 엄마가 짐이 되는 것에 대한 미안함인 것을 알고 있습니다. 그래서 늘 마음이 아팠습니다. 한편으론 워낙 기도가 센 분이라 엄마가 정해 놓은 시간마다 혹시, 하며 마음을 졸이기도 했습니다. 그렇게 엄마는 80세부터 16년간 또 다른 장례를 준비시켰습니다.

지난 2월 초에 사고로 응급실로 가신 이후 엄마는 다시 집으로 되돌아오지 못하셨습니다. 노인요양병원에 한 달여 계셨는데, 생애 가장 애달픈 한 달이었습니다. 코로나19 확산으로 면회를 할 수 없어 외롭게 홀로 누워 있는 엄마를 생각하면 가슴이 쪼여드는 것만 같았습니다. 아직 말씀을 잘 하시던 입원 후 20여 일, 매일 동생이 전화하여 시편 23편을 외우시도록 하는 것이 엄마와의 유일한 연결이었습니다. 또렷이 끝까지 외우셨습니다. 3월 2일, 상태가 안 좋아져 응급실로 나오셨는데 그날 잠깐 엄마를 만났습니다. 숨 쉴 기력밖에 없는 엄마에게 "엄마, 여호와는 나의 목자시니 해 줘" 요청하니 가쁜 숨으로 또 외워 주셨습니다. 엄마 목소리로 듣는 마지막 시편 23편이 되었습니다.

돌아가시기 3일 전, 병원에서 면회를 허락했습니다. 마지막 인사였습니다. "엄마, 신실이 왔어. 엄마, 엄마." 말씀도 어떤 반응도 없었습니다. 집에 오는 차 안에서, 엄마 곁에 남은 동생이 전화를 연결해 주었습니다. 말이 나오지 않아 울기만 하다 저도 모르게 찬송을 불러 드렸습니다. 외할머니, 외할아버지, 먼저 가신 이모들…. 엄마는 임종 전문가였습니다. "숨 넘어가는 순간이 옆이서 울지 말고 찬송 불러 드려야 혀" 하시던 말씀이 마음에 남아 있었던 것 같습니다. "나의 갈 길 다 가도록" 찬송하니 엄마가 눈을 뜨고 반응하며 심지어 입을 달싹거리셨습니다. 다음 날, 그다음 날도 동생이 가서 전화하고 제가 찬송하고 엄마는 호흡으로 함께하고. 셋이 그렇게 엄마가 사랑하던 찬송으로 연결되었습니다. 돌아가시기 전날 오후에는 입을 달싹달싹하며 따라 부르시고 찬송을 마친 후에 주르르 눈물을 흘리셨다고 해요. 그리고 다음 날 새벽에 조용히 눈을 감으셨습니다.

돌아가시는 순간까지 엄마는 의식의 끈을 놓지 않으셨을 것입니다. 맑은 정신, 총기를 끝까지 유지하고 계셨지요. 그 이유를 저는 압니다. "오늘이 무슨 요일이냐?" 며느리에게 늘 물으셨다고 합니다. 거의 침대에서만 생활하시는 일상 속에서 스스로 '지남력'을 유지하는 방법을 아셨지요. 오직 주일 열한 시 예배를 향한 정신이었습니다. 그 지향이 엄마의 정신을 건강하게 했습니다. 비록 많은 사람과 함께하는 성대한 장례식을 치르지는 못했지만 엄마가 그렇게 사모하던 목사님을 모시고, 엄마가 사랑하시던 두 동생, 그리고 엄마를 좋아하던 조카들과 조촐한 예배를 드렸습니다.

39년 전 아버지 장례식, 아버지가 목회하시던 교회 예배당에서 드렸던 발인예배를 떠올립니다. 도대체 무슨 일이 일어난 것인지, 그 일이 우리 인생을 어떻게 끌고 갈지 상상도 못하고 그저 울기만 했던 남매였습니다. 엄마의 발인예배에

선 슬픔에 압도되지 않고 영예롭게 엄마를 보내 드렸습니다. 어른이 되어 엄마의 죽음을 마주했습니다. 저는 노래했고, 동생은 엄마의 96년 인생과 마지막 시간을 들려주었습니다. 엄마에게 물려받은 유머 감각과 따스한 연민을 잃지 않고, 엄마가 남긴 모든 이들을 영예롭게 함으로 엄마를 영예롭게 했습니다. 평생 예배만 사모하던 엄마에게 걸맞은 마지막 시간이었던 것 같습니다.

짧은 장례식은 끝났지만 끝나지 않은 기나긴 장례식이 남아 있습니다. 아버지의 죽음과 오지도 않은 엄마의 죽음을 짊어지고 살아온 삶, 제 인생 가장 벗어나고 싶었고 극복하고 싶었던 것이 결국 저를 만들고 지켜 내었습니다. 엄마와 함께했던 아름다운 순간들을 떠올리며 울고 또 울어야 할 장례식이 아직 남아 있고, 이제 그 누구도 아닌 저 자신의 죽음을 짊어진 삶을 살아야 할 것입니다. 사랑하는 엄마의 부재 속에서, 계속 이어질 마음의 애도와 장례식 속에서 천국을 향한 실존적 소망을 살게 될까요.

39년 전 아버지 발인예배 때 사진입니다. 엄마도 아니고, 단발머리 저 자신도 아니고, 제 옆에서 우는 동생 얼굴, 카메라 초점에서도 빗나가 흐릿한 동생 얼굴이 평생 가장 크게 가

슴에 남아 있었습니다. 저보다 더 단단해진 동생에 대한 책임감도 이제는 내려놓을 수 있을 것 같습니다. 저 상복 언제 다시 입을까, 평생 두려워했던 건데. 장례식 마치고 동생과 얘기했습니다. "그러고 보니 엄마가 우리에게 상복을 안 입혔다." 상복도 못 입어서 안타까운 이별이지만, 더는 상복을 입히고 싶지 않았던 엄마의 마음이려니 생각해 봅니다. 불멸의 다이아몬드같이 찬란한 영혼을 가진 엄마는 오래 써서 망가진 육신에서 드디어 해방되었습니다.

함께하지 못해 안타까운 마음들 전해 주셔서 큰 위로가 되었습니다. 깊이 감사드립니다.

미친년 글쓰기

글을 썼다.

　미친년이 글을 썼다.

　엄마 죽고 사흘, 밤잠을 못 자 미쳐 버린 년이 글을 썼다.

　엄마의 짧은 장례식을 치른 다음 날, 온종일 엄마 따라 죽은 것처럼 지냈다. 아, 실은 그 아침에 일어나 엄마 장례식에서 부른 노래, 엄마의 육성을 담은 MR에 맞춰 노래를 불러 녹음을 했다. (미친년이 노래도 했구나!) 울지도 않고 노래를 불러 녹음했고, 장례식에 참석한 친척들에게 보내도록 하고, 다시 '살아 있음' 스위치가 나갔다. 그리고 까만 시간을 보냈다. 이런 거였구나. 엄마가 죽는다는 게.

　하관예배 설교가 까만 생각 어딘가를 스쳤다. 죽는 것이 유익이라고 했다. 죽는 것이 유익이라니. 엄마, 우리 엄마의 죽음인데? 엄마의 죽음이 유익이라고? 오래 생각하진 못했다.

 침대에 누워 까만 시간을 혼란스럽게 보내고, 새벽 다섯 시에 정신이 번쩍 들었다. 사흘 전 이 시간에 동생 전화를 받았다. "엄마 돌아가셨어." 나는 당황하지 않았다. 울지 않았다. "지금 몇 시야?" "다섯 시야." 그다음에 내가 뭐라고 말했더라? "수고해"라고 말한 것 같은데. 설마 그렇게 말했을까? 바로 그 다섯 시에 정신이 번쩍 들었다. 전화가 올 것 같았다. 새벽마다 전화가 올 것 같다. 엄마 돌아가셨어. 엄마 돌아가셨어.

 돌아 버릴 것 같았다. 글을 쓰고 싶었다. 엄마의 장례식과 엄마의 삶을 쓰고 싶었다. 장례식을 했다면 조문객을 맞을 때마다 수십 번 했을 엄마의 마지막 시간을 말하고 싶었다. 자리를 털고 일어나 페이스북에 글을 썼다. 한달음에 썼다. 엄마의 장례식에 대해서 쓰려니 아버지 장례식이 떠올랐다. 스마트폰 앨범을 뒤져 아버지 장례식 사진을 찾아, 엄마 장례식 사진과 함께 글을 써 올렸다. 단순히 인사 글을 쓰려 했는지, 우리 엄마 죽었으니 나를 위로해 달란 얘길 하려 했는지 모르겠다. 그냥 썼다. 손이 머리보다 먼저 나갔다. "세상에서 가장 긴 장례식"을 썼다.

 글을 쓰고 나니 살 것 같았다. 숨이 쉬어지는 것 같았다.

글을 올리고 바로 아래를 보니 동생이 올린 '부고'가 보인다. 찬찬히 읽었다. 아, 우리 엄마가 죽었지! 맞아, 엄마가 죽었어. 한바탕 울고 나니 한결 숨이 가벼워졌다. 점심을 해서 현승이와 둘이 밥을 먹었다. 처음으로 밥이 목에 넘어갔다. 그렇지. 엄마 죽음을 얼마나 오래 준비했는데…. 이제 괜찮아진 거야. 이게 정상이지. 엄마의 빛나는 영혼을 낡은 육신에서 해방해 달라고 기도했던 나잖아. 이제 괜찮아. 친구에게 전화했다. 괜찮다고, 걱정 말라고. 그리고 심지어 마감을 하루 남긴, 쓰다 만 원고를 썼다.

짧은 오후가 지나고 다시 까만 생각이 되었다. 잠을 설치고, 새벽 다섯 시면 새로운 두려움에 눈을 뜨는 며칠을 지냈다. 그 새벽, 페이스북에 썼던 글을 다시 읽는다. 내가 이걸 썼다고? 그 캄캄한 뇌로 글을 썼다고? 미친년이 미쳐서 쓴 글이구나. 『치유하는 글쓰기』에 나오는 '미친년 글쓰기'라는 말을 글쓰기 강좌에서 사용하곤 했었다. 비정상적 상태의 글쓰기. 정상성에 대한 강박 없는 글쓰기. 의식과 무의식을 넘나드는 글쓰기. 그 새벽에 내가 바로 그 미친년 글쓰기를 실행한 것이다. 그러니까 돌아보면 미친년 상태였다.

오늘 아침엔 블로그에 있는 엄마에 관한 글을 하나하나

읽으며 한 카테고리에 모았다. 남편에게 며칠 전 새벽에 쓴 글은 미친년 글쓰기였다고 말했더니 "뼛속까지 내려가서 쓴 글이야"라고 했다. 하긴 그 글을 쓰고 분명 마음에 비쳐 든 빛이 있었다. 비로소 숨이 쉬어지지 않았던가. 그 효과는 잠깐이고 다시 아득한 정신이 되었지만. 어쩌면 뼛속 어딘가에서 흘러나온 글인지도 모른다.

시동생이 봄 햇살 듬뿍 담아서 보낸다는 메시지와 함께 프리지어 한 다발을 보내왔다. 봄 햇살이라니, 꽃이라니! 눈물이 쏟아져서 한바탕 울었다. 화병에 꽂아 캄캄한 창밖을 배경으로 두니 향기로 피어나는 존재감이다. 꽃향기 맡으니 또 쓸 힘이 난다. 모르겠다. 이 또한 미친년 글쓰기인지.

그러니까 써요, 언니

엄마 떠난 지 11일이다. 생각보다 괜찮고, 괜찮은가 싶으면 상당히 괜찮지 않다. 글을 쓰면서 버티고 있는 것 같다. 쓰고 나면 조금 살 것 같아 먹고 농담하고 공원을 걷는다. 아침에 눈을 뜨면 가슴이 서늘하다. 아니 가슴이 서늘해서 잠을 깬다. 서늘함은 금세 막막함이 되거나 분노가 되기도 한다. 조금 울다가 벌떡 일어나 쓴다. 쓰고 나면 타나토스의 무게가 줄고, 에로스 에너지가 어딘가에서 나와 마음을 일으킨다.

아들을 잃은 박완서 선생에 비할 수 없겠으나, 『한 말씀만 하소서』에 담긴, 맘껏 울 수 없는 처지에 통곡 대신 쓴다는 말을 조금 알 듯하다. 엄마 입관식에서조차 마음껏 울지 못했다. 그 와중에도 누군가를 배려 또는 의식하느라 그랬다. 시아버지 돌아가시고 시어머니가 그러셨던 것처럼, 시누이가 했던 것처럼 바닥을 뒹굴며 울고 싶었는데 그러지 못하는 내 의식이고 나의 처지다. 그 처지는 고스란히 엄마 인생의 처지다.

 일기를 쓴다. 애도 일기를 쓴다. 아무 말을 쓰고 있다. 연구소 카페에 책 리뷰도 써 올렸다. 어쩌다 쓰게 되었을까? 장례식 다음 날 네팔에서 윤선이 보내온 메시지가 생각나 다시 들춰 보았다. 제 블로그에 쓴 글을 보내왔다. '나는 오늘 기도한다'로 시작하는 글이다. 오직 나를 위해 쓴 글이고, 한 글자 한 글자에 꾹꾹 눌러 담은 마음이 그대로 느껴졌다.

 힘내라는 말도 아니고 위로를 보낸다는 말도 아니고, 그저 우리의 지난 시간들을 복기하고 있었다. 윤선에게 내가 누구인지, 나라는 언니가 자신에게 누구인지 썼다. 그리고 마지막에, 내가 선물한 책 제목이기도 한 '그러니까 당신도 써라!'에 응답하는 것이라고 했다.

 종종 윤선에게 글을 쓰라고 얘기했었다. 몇 년에 한 번씩 만나 나누는 윤선의 삶과 성찰들을 그냥 듣고 흘려보내기가 아까워서 기록하라고 했었다. 나보다 열 살은 적지만 내가 그보다 나은 점이라곤 쓴다는 것 외에는 없는 것 같아 그랬다. 윤선의 삶과 생각을 담아 두고 싶었다. 그러니까 윤선인 내 간절한 부탁을 들어주는 것으로, 쓰는 것으로, 절절한 위로의 마음을 전한 것이다. 내가 윤선에게 어떤 언니인지, 아니, 내가 어떤 사람인지가 아니라 어떤 사람이 되고 싶은지를 짚어 냈다 하는 게 옳다. 슬픔에서 벗어났을 때 나는 다시 어떤 사람이 되어야 하는지 흔들어 깨운다. 블로그에 쓴 글로 건네는 위로는 "언니, 언니는 그런 사람이에요. 그러니까 언니도 써요!"라고 말하는 것 같다.

많은 희망이 거듭된 좌절을 거쳐 절망으로 바뀌고, 절망을 넘어 체념의 나날을 사는 여정 속에 몇 년에 한 번씩 만났던 우리, 연결되어 있었구나. 윤선 부부와 함께 가정교회를 하던 때는 교회에 대한 꿈이 손에 잡히던 시절이었다. 나는 이제 거기서 한참 멀어졌다. 더는 희망할 수 없는 많은 것을 그리움으로 대체하며 사는 나이가 되었다. 그리운 것들, 많은 그리운 것들, 모든 그리운 것들이 날카로운 칼이 되어 마음을 후벼 파는 날이다. 좋았던 모든 것은 다 사라져 버렸고 다시 오지 않을 것만 같다. 이렇게 과거의 나도 소멸되면 좋겠다.

윤선이가 내 등을 떠민다. 언니, 언니는 이런 사람이길 바라잖아요. 언니, 언니는 쓰는 사람이잖아요. 나보다 앞선 시간을 살아가는 언니잖아요. 일어나서 써요! 내 손을 잡아 일으킨다. 내 좋았던 날, 내게 좋은 사람이었던 윤선이가 내 등을 떠민다. "언니는 좋은 사람이에요. 언니는 글을 쓰는 좋은 사람이에요. 그러니까 써요, 언니."

메시지를 주고받은 다음 날 나는 쓰기 시작했다.

어제 사랑하는 언니의 어머니가 소천하셨다. 몸으로 함께 해 드릴 수 없는 나는 어떤 위로를 드릴 수 있을까. 아버지 같고 어머니 같은 어머니를 잃은 언니의 마음을 헤아릴 수 없다. 기도하고 기도한다. 그리고 내가 할 수 있는 것으로, 언니가 내게 가장 바라던 바로 그것을 함으로 위로해 드리고 싶다. 오래전 보내 주신 책을 몇 번을 읽고도 제대로 응답하지 못했다. 그러니까 당신도 써라!에 응답하는 것으로, 내 글을 쓰는 것으로 위로의 선물을 전하고 싶다.

결

엄마 잃은 지 12일이다.

치유 글쓰기와 여러 집단 여정을 이끌며 "이미 지나간 일은 잊어라, 믿음으로 이겨라"라는 말의 폭력성을 확인하고 확인했다. 고통의 한가운데 있는 사람에게 하지 말아야 할 말이다. 성폭력 생존자 글쓰기 모임에 온 사람이 그랬다. 생존자 글쓰기 모임에 나가기로 했다고 하니 한 친구가 극구 말렸다고. 그런 데 가지 말라고, 자꾸 들춰내면 더 힘들어진다고 말이다. 심지어 그 자리에 온 생존자도 "몇십 년 전 일인데 뭐 하러 다시 떠올려서 스스로 힘들게 하려는지 모르겠다"고 했다.

일어난 사건을 되돌릴 수는 없지만, 사건이 남긴 심리적 외상은 '나 여기 있소'를 끝없이 외친다. 그 외침에 반응해야 한다. 애도가 필요하다. 모든 상실은 애도해야 떠나보낼 수 있다. 남이 잊으라고 해서 그냥 잊혔다면 그것은 잊은 것이 아니다. 반드시 '나 여기 있소!' 하고 돌아온다. 다양한 고통의 방식으로 돌아온다. 그때야 뒤늦게 정신과를 찾고 상담소를 찾는다. 게이버 메이트$^{Gabor\ Mate}$의 『몸이 아니라고 말할 때』를 읽다 보면 '몸까지 나서서 아니라고 말할 때'는 늦어도 한참 늦은 것이란 생각밖에 들지 않는다. 애도하지 못한 과거는 반드시 오늘의 고통으로 돌아온다.

상실, 애도, 치유에 관해서는 살아 있는 경험으로 배웠다. 그 길을 안내도 하고 있다. 슬퍼하는 이에게 충분히 슬퍼하라고 격려한다. 되돌릴 수 없는 사건, 이미 벌어진 일이다. 할 수 있는 것은 온전히 슬퍼하는 것이다. 내 몸과 마음이 됐다고 할 때까지 슬퍼해도 된다고 말해 준다. 내게도 그렇게 말해 줄 수 있으면 좋으련만. 벌써 내가 나를 질책한다. 가족들이 지겨워하지 않을까. 오버라고 생각하지 않을까. '그만 좀 해. 이제 잊어버릴 때도 됐지'라고 말하는 사람이 없는데, 내 안의 심판자가 손가락질을 하고, 쯧쯧거리며 고개를 내젓고 있다. 가족들 눈치를 보고 있는 나를 발견한다. 너무 기운 없이 앉아 있었나? 나 때문에 분위기가 무거운 건 아니야? 왜 나는 내게 말해 주지 못할까? 충분히 슬퍼해도 된다고, 울어도 된다고.

남편과 아이들이 고맙다. 슬픔의 구덩이에서 헤매는 사람과 함께하는 일상이 쉽지 않을 텐데. 입장을 바꿔, 나라면 쉽지 않을 일이다. 세 식구가 자기 생긴 모양대로 잘 견뎌 주고 힘이 되어 준다. 큰아이 채윤이가 배려하는 태도는 남다르다. 장례를 치르던 날, 아니 그보다 한 달 전부터 이미 시작된 장례식 내내 그랬다. 내가 엄마랑 통화하고 울고 있으면 어느새 다가와 등 뒤에서 안아 주는 힘 있는 가슴이었다. 입관식 내내 기둥처럼 나를 지탱해 주던 남편이 영정사진을 들었을 때, 화장장에서 장지에서 내 허리를 꼭 붙들고 섰던 채윤이다. 장례식 후의 밀착 마크는 본능적으로 촉이 좋은 채윤이 몫이었다. 거침없이 달려와 안아 주고, 붙들어 주었다.

"엄마가 울면 가서 달래 줄 수 있고, 밥을 안 먹으면 먹을 걸 챙겨 줄 수도 있는데… 잠을 못 자는 건 어떻게 해 줄 수가 없어, 엄마. 그게 너무 안타까워."

엄마가 떠난 텅 빈 자리에 미친년처럼 앉은 내 곁을 딸이 지켜 준다. 그만하라고 타박하지 않고, 그저 함께 있어 준다.
모처럼 친구 만나러 나갔다 들어오면서는 "엄마 선물 있어" 하고 종이가방을 풀어헤친다. 종이가방을 들고 귀가하면 늘 제 옷, 제 화장품이 전부였는데. 친구 집 근처 빈티지 샵에 갔다 왔다며 손수건, 작은 매트, 찻주전자를 내놓는다. 죄다 내 선물이다. 이 넉넉한 손은 넉넉한 마음이다. "엄마, 더 울어도 돼"라고 말하는 마음이다. 맘껏 슬퍼하지도 못하고, 그렇다고 벗어나지도 못하면서 가족들 눈치를 보는 내 곁을 지켜 주는 마음이다. 나는 내게 너그럽지 못한데, 딸이 남편이 아들이 애도의 골든타임을 확보해 주고 기다려 준다. 곁을 지켜 준다. 지금 여기의 감정에 머무를 수 있도록 곁에 머물러 준다.

엄마, 몸

엄마가 없다. 엄마 방에도, 김포요양병원에도, 김포우리병원 응급실에도, 일산병원 응급실에도 엄마가 없다. 엄마의 몸이 없다. 그 몸은 어디 갔을까? 엄마가 죽었다는 것은 엄마의 몸이 없다는 것, 여기 없다는 것이다. '여기'란 어디지? 여기, 내가 있는 곳. 나의 세상.

 2주 혹은 그 이상 엄마를 보지 못한 적이 얼마나 많았던가. 통화조차 하지 않고도 잘 살았다. 별다른 연락 없이 한 달도 잘 살 수 있었다. 나의 세상이 굴러가는 데 무리가 없었다. 엄마의 몸이 없어지자 세상이 이상해졌다. 엄마의 존재가, 몸이 없는 엄마가 내 세상을 장악했다. 엄마 생각만 하게 된다. 몸의 부재로 강력한 현존이 되어 버렸다.

 2주 전, 3월 11일 수요일 아침 여섯 시. 엄마의 몸을 안치했다. 두렵고 추운, 어둠의 끝을 향해 나아가는 느낌으로 달려가 아직 몸으로 **여기** 있는 엄마 몸을 만났다. 차가운 스테인리스 위에 누워 있기엔 아직 따스했다. 환자복을 입고 콧줄과 호흡기를 뗀 엄마 얼굴이다. 입관식에서 다시 만난 엄마는 눈을 너무 꼬옥 감고 있어서, 표정이 없어서 우리 엄마 같지가 않다. 맨질맨질, 손을 얹고 쓰다듬기 좋았던 이마. 엄마가 너무 눈을 꼭 감고 단정하게 누워 있고, 장례사들이 너무 예의가 바른 통에, 너무 순순히 엄마 몸을 보냈다. 아아아아, 엄마아, 엄마아… 절규했어야 하는데. 피를 토하며 엄마 몸을 안고 울었어야 했는데.

나는 엄마를 못 떨어지는 아이였다. 어릴 때 동네 사람들이나 교인들이 나를 예뻐해서 이 집 데려가고 저 집 데려가고 했다는데, 그래서였을 것이다. 내가 함께하고 싶은 사람은 엄마였을 테니까. 엄마가 없으면 우는 나를 보며 어른들은 '우내미'라고 놀렸다.

세 살이나 되었을 어느 밤, 사촌 언니들과 길가에서 택시 잡던 기억이 어릴 적 첫 기억이다. 큰이모 집에 갔다가 내가 엄마 찾고 우는 통에 그 밤에 다시 집으로 돌아왔다. 1년에 두 번씩 부흥회를 하면 강사 목사님을 우리 집에 모시고 엄마가 교회 집사님들과 함께 산해진미를 차려 냈는데, 그때마다 엄마를 잘 떨어지는 동생은 이모 집, 외갓집으로 보내졌다. 보통 그런 경우 큰아이를 보낼 테지만 나는 엄마 떨어져 한 밤을 자는 것도 불가능한 아이였다. 초등학교 저학년 때는 엄마가 서울인지 어딜 갔다. 서울을 가도, 외갓집을 가도 엄마 몸에 껌딱지처럼 붙어 갔을 것인데, 그날은 어쩐지 엄마만 갔다. 이제 다 컸으니 가능한 일이라고 나를 설득했을지 모른다. 결국 엄마 없는 그 밤에 밤새 토하고 아팠다. 아버지가 당황하고, 다음 날 집에 온 엄마가 징글징글해했던 기억이 난다.

심리학으로 말하자면 애착 형성이 잘 되지 못한 것이다. 엄마가 눈에 없어져도 존재한다는 신뢰가 든든하지 않은 것이다. 내 눈에 보이지 않아도 사물이 존재한다는 것을 아는 사물의 영속성 개념은 벌써 생겼을 테지만, 엄마의 존재가 내 눈앞에서 사라져도 여전히 나와 연결되어 있다는 믿음이 취약한 것이다. 머리의 문제가 아니라 가슴의 문제다. 엄마를 더 사랑하거나 좋아한다는 의미가 아니다. 사랑이 아니라 집착이다. 어릴 적의 집착과 좌절 때문에 자라서는 오히려 '차가운 딸'이 되었다. 그렇게 추구하던 엄마 몸에 스킨십도 없다고 늙어 가는 엄마가 섭섭해했다.

그 엄마의 몸이 여기 없다. 내 눈에는 안 보여도 김포 풍무동에 있을 몸, 발코니에 앉아 볕을 쪼이고, 소파에 앉아 강아지 재롱을 보고, 다시 긴긴 낮잠을 잘 엄마가 있는 줄 알아 잘 살았는데. 여기 어디에도 엄마의 몸이 없으니 유아기적 애착이, 원초적 그리움이 한꺼번에 살아와 불안과 슬픔으로 살 수가 없다. "아이구 개운허다, 아이구 개운혀. 딸이 있응게 좋지. 손톱도 깎어 주고." "얼라, 사모가 양말도 안 신고 맨발로 댕기네." "야야, 기도뱎이는 읎어. 사모가 기도혀야 허는 거여." "여보세요, 정신실이여?" "미안허다, 복 받어라." 몸과 함께 목소리도 사라졌으니.

엄마가 몸에서 해방되기를, 고운 찬송과 시편 23편과 자존심이 담긴 정신이 낡은 몸에서 해방되기를 얼마나 기도했던가. 하나님, 나는 괜찮아요. 나는 괜찮으니 엄마 영혼 해방시켜 주세요. 저 몸에 담기기에 너무 아름다워요. 한 달여, 타들어 가는 심정으로, 아니 지난 몇 년, 늙어 부자유하고 짐이 되는 당신의 몸을 미안해하는 엄마를 보며 기도했었다.

내가 무슨 짓을 한 거야.

천국 소망이 빛을 발해야 하는 이 시점. 아기 적에 터득한 사물의 영속성 개념이 아니라 영혼의 영속성을 알아들어야 할 지금, 나는 다시 퇴행이다. 엄마 몸은 여기 없지만 어딘가에 엄마가 있다는 것이 믿어지지 않는다. 처음 엄마 떨어져

잤던 밤처럼 매일 어떤 감정들이 토악질로 나온다. 엄마와의 마지막 통화에서 찬송을 불러 드린 후에 딴에는 (그렇다, 딴에는!) 어른스러운 말을 했다. "엄마, 가! 엄마 이제 가! 나는 잘 살게. 엄마 이제 편히 가!"

이럴 줄 몰랐지. 엄마 몸이 여기 없는 것이 이런 건 줄 몰랐지. 내가 어른이 된 줄 알았지.

엄마가 죽었거든요

여섯 시. 현실 같은 꿈을 꾸면서 깼다. 마지막 시간처럼 동생 전화로 엄마랑 통화한다.

"누나, 엄마가 아무래도 안 되겠대. 누나 도착할 시간까지 시간이 안 되겠나 봐. 하고 싶은 말이 있대."

마지막 통화 때 그랬던 것처럼 쉬익쉬익 거친 호흡 소리가 들린다.

"왜애? 엄마 무슨 얘기하고 싶어? 보고 싶다고? 사랑한다고?"

그새를 못 참고 내가 먼저 떠들어 댔다. 까불거리면서.

잠을 깼다. 가슴 부위에 아픈 침을 여러 방 맞은 것처럼 얼얼하다. 찔리는 순간의 날카로운 통증이 지나고 오래가는 만성 통증이 된 것 같다. 그 두꺼운 통증에 잠이 깼다. 왜 까불었을까? 가만히 기다렸어야지. 왜, 왜…. 엄마 무슨 말 하고 싶었는데? 다시 잠들게. 하고 싶었던 말 해 줘. 그럴수록 잠은 멀어지고 가슴에 남은 통증과 함께 말똥말똥한 정신. 화가 나 벌떡 일어났다. 여섯 시 삼십 분.

팽목항 예배에 간 적이 있다. 예배 마치고 은화 엄마 등 가족들과 대화 시간이 있었다. 아직 딸의 몸을 찾지 못해 정신이 반쯤 나가 있는 은화 엄마가 질문을 받고 많은 이야기를 했다. 주로 세월호 인양 작업에 관한 내용이었다. 인양, 안전한 인양에 목숨 거는 이유는 딸의 몸을 찾기 위해서다. 그때 목까지 차올랐던 질문이 하나 있었다. 인양을 위해서 날씨가 어때야 하는지, 배 주변으로 안전망을 어떻게 설치해야 하는지 이런 질문 말고, "은화는 어떤 아이였어요? 어떤 딸이었어요?" 이게 정말 묻고 싶었다. 세월호 인양에 대한 열정은 딸의 몸에 대한 열정이고, 뼈 한 조각으로 남은 몸에 집착하는 것은 은화라는 존재를 향한 열정 아닌가. 묻고 싶었지만, 용기가 나지 않았다. 그때 물었어야 했다.

엄마에 대해 누가 좀 물어봐 줬으면 좋겠는데. 어떻게 돌아가셨는지, 장례식도 못한 장례는 어떤 장례인지, 엄마 죽고 난 이후의 시간은 어떻게 살아지는지, 엄마를 어떻게 사랑했고 어떻게 미워했는지…. 누구든 뭐든 내게 엄마에 대해 말을 좀 시켜 줬으면. 아무도 묻지 않는다. 내가 은화 엄마에게 그 랬던 것처럼 용기가 나지 않는 걸까? 죽음 같은 비극은 입에 올리지 않고 멀리 쫓아 버리는 것이 나은 거라서? 그렇다면 엄마 얘기 말고 그냥 엄마 잃은 사람('아이'라고 쓸 뻔했다)으로 조금 불쌍히 생각해 주면 어떨까.

엄마가 죽었는데 우리 엄마에 대해 한마디 묻지도 않으면서 무심히 돌아가는 세상이 서럽다. 엄마가 죽었는데 개나리가 피고, 만개한 목련이 달빛에 아름답다니.

치과에 가서 접수를 하다 이렇게 말할 뻔했다. "저의 엄마가 돌아가셨거든요." 엄마가 존재했었다는 것, 그리고 사라졌다는 것을 아는 사람이 없는 것 같아 엄마에게 미안하다. 미안함을 달래고자 쓴다. 그리움에 압사하지 않으려 쓰고, 부재하는 엄마의 존재를 확인하려고 쓴다. 아니 그냥 쓰기라도 해야 살 수 있어서 쓴다.

텐도 아라타의 소설 『애도하는 사람』에서 주인공 시즈토는 애도 여행을 다니는 사람이다. 모르는 사람의 죽음을 애도하기 위해, 신문에 난 죽음을 찾아 떠돈다. 경찰서에 잡혀가고 신원조회를 당하면서 이 이상한 일을 한다. 누구도 그를 이해하지 못하고, 스스로도 자신의 행동을 이해시킬 수 없어서 "그냥 병으로 생각해 주세요"라고 말하며. 그는 애도의 장소를 찾을 때마다 주변을 배회하며 죽은 이에 대해 묻는다.

그 사람은 누구에게 사랑받았습니까?
누구를 사랑했습니까?
누가 그녀에게 감사를 표현한 적이 있습니까?

어느 누가 시즈토처럼 내게 물어 주겠는가. 당신 어머니는 누구에게 사랑받았습니까? 누구를 사랑했습니까? 누가 그녀에게 감사를 표현한 적이 있습니까? 나 스스로 시즈토가 되어 내게 질문하고 쓰려 한다. 언제까지? 가슴 통증 없는 아침을 맞을 때까지. 그러니 이 글을 읽는 당신, 결국 죽음으로 끝나는 인생의 비극을 듣고 계신 당신께 부탁드린다. 저 질문을 한 번쯤 마음으로 해 주시라. 우리 엄마 아니라 당신의 엄마, 아니 모르는 사람의 죽음을 애도하게 될 것이다. 모든 죽음은 애도 받아 마땅하니.

오늘이라는 저주

당신이 죽어 가는 동안, 나는 자고 있었습니다.
내가 잠과 깨어남 사이에 만드는 어떤 틈, 어떤 구멍 속으로
당신이 빠져 버린 것만 같습니다.

내가 당신을 에레부스에 잡아 두고 아직도
놓아 주지 않으려 하는 것만 같습니다. 당신은 내일 다시
죽겠지만 꿈속에서는 살아 있습니다. 그래서 나는 다시

당신을 아침 속으로 데려가려 합니다. 잠에 취해 몸을 뒤척
　　이며
눈을 뜨면서, 나는 당신이 따라오지 않는다는 걸 압니다.
거듭되는 이 계속적인 저버림.
—나타샤 트레서웨이, 「신화」

엄마가 외롭게 죽어 가는 동안 잠에 빠져 있었던 것에 대한 벌인가. 내 몸을 아끼는 엄마가 주는 벌은 아닐 테고, 공평무사한 하나님의 벌인가. 공평하지만 사사로움이 없는 분은 아닌데. 사사롭고 깨알 같은 분인 것은 알고 있으니 하나님의 심판도 아니다. 나다. 엄마가 외롭게 죽어 가는 동안 잠에 빠졌었고, 일에 빠졌었고, 편안함에 빠졌던 나를 향해 공평무사한 내가 내리는 벌이다. 힘들게 잠들며, 깰 때는 더욱 고통스러울지니.

외로움 속에 엄마를 떠나가게 한 죄, 늙어 외로운 엄마를 잊고 희희낙락 행복했던 죄, 평생 엄마를 부끄러워했던 죄, 엄마 생을 갈취하여 평안한 일상을 살았던 죄, 말 섞고 싶어 곁을 맴돌던 엄마를 피했던 죄, 주일날 돈 쓰지 말라 했는데 보란 듯이 일부러 돈 썼던 죄. 마땅한 죄로 여겨 달게 벌을 받겠다. 힘들게 잠들며 깰 때는 더욱 고통스러울지니라.

미국 시인 나타샤 트레서웨이가 어머니를 애도하며 저런 시°를 썼다니. 내가 비정상은 아니라는, 적어도 나만 비정상은 아니라는 것이 위안이 된다.

° 왕은철, 『애도예찬』(현대문학, 2012), p. 381.

현재라는 고통을 잊을 수 있는 유일한 처방이 현재로선 잠이다. 그 처방을 손쉽게 얻어 낼 수는 없다. 쉽게 받는 벌은 벌이 될 수 없으니까. 눈을 뜬 의식의 상태가 내내 슬프고 힘들다는 뜻은 아니다. 가벼운 순간들이 있다. 아들과만 통하는 개그를 하고, 눈빛을 교환하며 킬킬거린다. 딸 채윤이가 내 성대모사를 하고, 남편이 어설프게 따라 하다 웃음이 터지면 식탁이 환해진다. 하지만 그 환한 순간 끝에 날카로운 슬픔이 덮친다. 행복하지 말아야지. 행복한 순간은 만들지 않아야겠어. 행복한 모든 순간이 누구 하나를 잃는 순간 가장 고통스러운 기억이 돼. 자꾸 다짐하고 매일 다짐한다. 허튼 상상을 한다. 내가 죽고 없을 때, 아이들은 내가 해 준 알리오올리오 파스타와 김치찜과 잔치국수가 얼마나 그리울까. 그리움으로 얼마나 고통스러울까.

엄마가 처음 고관절 골절 사고를 당하기 며칠 전이었다. 현승이랑 엄마 집에 갔는데 저녁을 먹고 엄마가 내 손을 잡아 끌었다.

"너 나허구 한번 나가 볼 텨? 내가 좋은 디 데려가까?"

새로 이사한 단지 한쪽 소나무 숲 아래였다. 어스름한 늦은 저녁 시간, 앞서가는 엄마의 발걸음이 얼마나 빠르고 가벼웠는지. "솔 향내가 좋지? 코가 뻥 뚫리잖여." 그 아래 서서 농담하고 웃고 좋았다. 아흔에 가까운 연세였지만, 이미 많이 약해진 몸이었지만 그래도 젊고 건강하달 수밖에 없는 짱짱한 몸이었다. 아니, 짱짱은 아니다. 그때도 이미 골다공증과 척추협착증으로 불면 날아갈 위태한 몸이었다. 그날 그 시간이 좋아서 영화 속 한 장면처럼 마음에 담았다. 좋음을 복기하다 환상을 덧입히다 보니 엄마 생애 가장 건강한 날처럼 느껴진다. 좋았다. 참 좋았다. 그래서 가장 아픈 장면이 되었다.

콧줄과 호흡기를 달고 있던 가여운 모습보다 소나무 아래 미소 짓던 엄마 얼굴이 더 아프다. 엄마의 거친 호흡 소리만 들리는 전화기에 대고 "나의 갈 길 다 가도록 예수 인도하시니… 성령 감화 받은 영혼 하늘나라 갈 때에…" 하고 찬송 부르며 내장이 끊어질 것 같았는데. 그 통화보다 더 나를 힘들게 하는 것은, 목소리를 변조해 엄마에게 전화를 걸어 속이면 한참 놀림당하다 "이거 정신실이 아녀. 야이, 이년아!" 하던 그 목소리다. 좋았던 시간이 가장 슬프다.

아이들과 남편과, 벗들과 행복한 순간은 만들지 않겠다. 좋은 기억으로 남을 순간은 피하도록 하겠다. 좋은 느낌을 아예 느끼지 않겠다. 사랑할수록 더 멀리하겠다. 나중에 생각날 행복한 기억이 저장되지 못하도록. 결심하니 더 캄캄해진다.

지난 토요일 밤, 엄마 떠나고 처음으로 집에 혼자 있었다. 그저 책을 읽었고, 라디오 소리만 들렸다. 바로 이거야. 웃고 떠드는 아이들도, 따뜻한 남편도 없으니 행복할 일도 없고, 쌓아 둘 추억도 없어. 이렇게 살아야 해! 그렇게 인식되는 순간 두려움인지 슬픔인지 알 수 없는 어둠이 나를 덮고 거실을 덮었다. 혼자 있을 수가 없었다.

'내적 여정'을 동반하며 '지금 여기'를 살자고 얼마나 확신 있는 조언을 했던가. 오지 않은 미래를 향한 불안과 두려움, 지나 버린 과거에 대한 그리움은 실체 없는 것이라고, 지금 여기로 돌아오라고. 안다. 사랑하는 사람들과 지금 누리는 행복, 바로 이 순간을 누리는 선택 외에는 없다는 것을 안다. 행복한 오늘인데 행복하지 않을 방법도 없다. 좋은 순간을 만들지 않겠다고, 고립된다고, 죽음이, 인생의 비극이 정복되지 않는다는 것도.

지난 4년여, 어려운 환경에 내몰렸다. '오늘이 선물이다' 이 한마디 붙들고 살았다. 이 한마디가 버틸 힘을 줬고, 살아야 할 이유가 되어 주었다. 선물이 되지 않는 오늘을 선물로 받아 살기로 하니 정말 선물이 되었다. 인생 그 어느 때보다 순간순간이 소중해졌고 내일 일을 염려하지 않게 되었다. 그 어느 때보다 남편과 아이들, 연결되어 있는 벗들이 사랑스러워졌다. 길가의 꽃이, 멀리 보이는 나무가, 심지어 그렇게 싫었던 메마른 겨울나무도 내게 사랑을 일깨웠다.

지금 나는 오늘이라는 선물을 받아 들지도, 팽개치지도 못하게 되었다. 다시 주어진 오늘을 살지 않을 수도, 멀쩡하게 살 수도 없지만 결국 또 살아져야 한다. 행복하고 싶지 않지만, 사랑하는 가족과 벗들로 인해 나는 자꾸 행복하다. 행복할수록 아프지만, 행복을 피해 달아나면 캄캄하다. 이런 오늘이 다시 주어졌다. 잔인한 벌이다. 내 마음을 아는지 남편이 노래를 만들었다. 나 부르라고 만든 노래다. 뜻은 알지만 차마 불러지지 않는 노래다. 오늘이 선물이라니.

오늘이 선물이다 (김종필 사/곡)

길가에 핀 꽃 본다 그대 눈길에 피고
그대 미소에 춤춘다 들꽃 곁에 머문다.
숲속 길 걸어간다 그대 발길에 웃고
그대 노래에 춤춘다 나무 손잡는다.

오늘이 선물이다 어제도 오늘이다.
주님 어제를 잊으니 내 아픔 잊혀진다.
오늘이 선물이다 내일도 오늘이다.
주님 내일을 여시니 내 근심 사라진다.

기껏 만든 노래를 부르기는커녕 관심도 주지 않으니 작곡자는 섭섭한 모양이다. 그런데 남편이 모르는 것이 있다. 가사 중 가장 마음에 안 드는 부분, 심지어 화가 나는 부분인 "주님 어제를 잊으니 내 아픔 잊혀진다"를 내 마음이 무한 반복으로 부르고 있다는 것을. 나도 몰랐다. 마음에서 이 노래, 이 가사가 계속 울리고 있다는 것을 뒤늦게 깨달았다.

아침마다 드리던 향심기도를 잊은 지 오래, '하나님' 하고 부르며 시작하는 대화를 잊은 지 오래인데. 나도 모르게 믿어지지도 않고, 믿고 싶지도 않은 이 가사를 자꾸 노래하고 있다. 나도 모르는 내 마음이 그분을 찾아 더듬는 길인지 모른다.

엄마의 딸의 딸의 기도

내가 일어나기 한 시간 전, 채윤이가 제 블로그에 글을 썼다. "엄마"라는 제목으로 내게 쓴 편지다.

엄마! 곧 있으면 엄마가 깨어날 시간이야. 엄마의 짧은 잠 끝엔 기나긴 슬픔이 기다리고 있겠지. 난 한 번도 그 시간을 엄마와 함께해 주지 못했어. 엄마가 그 어두운 세상에서 혼자 힘들어하는 걸 생각하면 가슴이 아파. 요즘 열 시에 일어나면 마음이 불편한 이유가 이건가 봐. 엄마가 기나긴 시간을 보내는 동안 나는 편하게 잠을 자고 있었기에.

    오늘은 친구들이랑 밤새 수다를 떨고 다섯 시가 다 돼서야 잠자리에 들었어. 집에 있으면 이 시간에 깨어 있는 건 상상도 못할 일인데 말이야. 잠을 자야 하는데 곧 깨어날 엄마를 생각하니 그럴 수가 없네.

오늘은 글조차 쓸 수 없겠구나, 하며 눈을 떴다. 며칠 동안은 눈 뜨자마자 따뜻한 차 한 잔 들고 노트북 앞에 앉으면 글이 흘러나왔다. 글이 고여 있는 가슴의 통증이 있다. 물 흐르듯, 이라고 생각하면 안 된다. 고름이 흐르듯, 이다. 찐득찐득한 고름이 자연스럽지도 아름답지도 않게 찌질찌질 흐르는 것이다. 중요한 것은 흐른다는 것.

아침에 써 놓은 글을 오후에 읽으면 별생각이 다 든다. '엄마가 죽어도 글이 써지는구나. 비정하다, 비정해.' 살아 내야 할 하루가 끝나 간다는 안도감에, 어쩌면 아침에 짜낸 고름 덕에 멀쩡한 생각도 하는 오후인지 모른다. 아니, 그 생각조차도 말짱하긴 한 건지 모르겠다.

오늘 아침엔 환부에 글이 고이지 않았다. 서늘한 가슴도, 고통스런 그리움도 아니고 텅 빈 기상이었다. '글도 쓸 수 없겠구나. 하루를 어떻게 보내지?' 몸부림도 눈물도 없이 죽은 듯 누워 있었다. 곁에는 아침마다 하는 '미친년 의례'에 사제로 동참하는 남편이 있다. 몸부림과 울음이 끝날 때까지 가만히 안아 주고는 "됐어, 이제 일어나. 울었으니 됐어" 하고 선언한다. 정말 사제의 말처럼 힘이 있다. "나가서 글 써" 하는 말은 거실로 파송하는 선언이다. 오늘은 그 루틴도 없이 멍하게 누워 있는데 잠결에 습관처럼 안아 주며 남편이 말했다.

"세 번 울었어. 정신실 자다가 세 번 울었어."

그 말이 묘하게 안도감을 주었다.

울어 흘려보내지 못한 눈물이 고여, 고여, 고여 고름이 되는가. 흘려보내야 한다. 가는 감정 붙들고, 오는 감정을 막는 것이 아프게 되는 지름길이다. 그렇게 배웠고, 배운 대로 가르치고 있다. 실은 어젯밤엔 잠을 잘 잤다. 잠이 드는 것도 수월했다. 자면서 꾸는 꿈은 굳이 프로이트 Sigmund Freud의 말을 빌리지 않아도 일종의 해소라는 것을 안다. 흘려보냄이다. 꾸고 나서 잊어버린 꿈처럼 밤에 세 번 운 것이 도움이 된 것 같다. 텅 빈 느낌이었지만 다른 말로 하면 가벼움이다. 눈을 뜨며 마음에 울린 '글조차 쓸 수 없겠구나' 하는 생각은 다르게 하면 숨 쉴 공간이 생겼다는 뜻이기도 하다.

노트북을 여는 대신 휴대폰을 켰다. 구독하는 블로그에 뜬 새 글을 보니 채윤이가 내게 쓴 글이 있다. 채윤이가 밤새 깨어 보내 준 에너지로 내가 잘 자고, 자면서 감정을 흘려보냈을까. 그럴 것이다. 채윤이뿐 아니라 글을 읽고 슬퍼해 주는 분들, 손을 모아 함께 애도해 주는 마음들이 흘려보내 주는 에너지일 것이다. 나의 미친년 글쓰기 행위가 어떻게든 아침 첫 숨을 내쉬려는 노력이라면, 연결된 많은 이들의 인공호흡 같은 공감이 있다.

엄마, 나는 요즘 엄마를 엄마라고 부를 때마다 가슴이 덜컥 내려앉아. 내가 엄마를 부를 때마다 엄마는 할머니가 떠오르지 않을까. '엄마'라는 이 단어가 지금의 엄마한테 너무 아픈 말이진 않을까. 그러면서 어쩌면 엄마의 슬픔의 깊이를 조금 헤아릴 수 있는 게 아닐까 싶어. 나한테, 그리고 엄마한테 '엄마'는 결국 같은 존재니까. 나에게 엄마만이 채워 줄 수 있는 자리가 있듯이 엄마도 그럴 거라고 생각해. 그래서 나는 눈물이 나와. 할머니를 그리워하는 손녀의 눈물도 있지만 할머니를 떠나보낸 엄마를 향한 눈물도 있는 거 같아. 절대 내가 공감할 수 없는 감정은 아닐 테니까.

결혼하고 처음, 남편과 함께하는 삶이 참 좋다고 느끼면 0.001초도 지나지 않아 두려움이 밀려왔다. 이러다 남편이 죽으면 어떡하지? 내게는 행복과 죽음에 대한 공포가 그렇게 함께 왔다. 아이들 태어나고 자라면서 한 해 한 해 지날 때마다 안도했다. "휴우, 나와 남편이 우리 애들 이 나이까지 살았어." 지극히 개인적이고 비합리적인 안도감이었다.

큰아이 채윤이가 중학교 1학년이던 12월에는 이 비합리적 안도감이 도를 넘었다. 한참 사춘기였던 채윤이를 향해 올라오는 분노의 바닥에 있던 생각은 이것이다. "너는 엄마 아빠가 살아 있는데, 도대체 뭐가 문제냐? 무엇이 결핍이냐?" 아이와 큰 충돌을 겪은 후, 12월 아버지 추도식을 지내고 나서 내가 아는 나의 비합리적 공포가 무서워 기도 피정에 갔다. 4박 5일간의 침묵 기도 속에서 30여 년 전, 내가 중학교 1학년이던 때 갑작스레 세상을 떠난 아버지 장례식을 비로소 제대로 치렀다. 기도 속에서 아버지의 죽음을 생생하게 만나고 직면했다. 나의 영적 여정의 전환점이었다. 그렇다고 그 두려움이 사라진 것은 아니다.

엄마의 죽음을 아버지의 죽음과 떼어 생각할 수 없다. 동시에 우리 아이들 앞의 내 죽음을 상상하지 않을 수 없다. 결혼하고 아이를 낳고 별의별 육아 원칙을 생각했고 책을 썼고 강의도 하지만, 나의 무의식적 원칙은 '아버지 없는 아이로 키우지 않을 것'인지 모른다. 단순하고 쉽지만, 결코 내 힘으로 지켜 낼 수는 없는 원칙이다.

둘째 현승이 중학교 1학년을 지내며 "다 됐어! 이제 둘 다 그때의 나보다 컸어. 나도 잘 살아 냈으니 잘 살 거야." 다시 안도했다. 한 해 한 해 지나며 "현승이가 중 3이야. 벌써 2년이나 더 쌓였어." "채윤이가 성인이 됐어. 엄마 아빠 죽어도 슬프지만 잘 살아 낼 수 있어." 선명하게 의식하진 않았지만, 무의식에는 여전히 존재하는 두려움과 안도감이다.

엄마를 잃고 미친 여자처럼 지내는 엄마를 '엄마'라고 부르는 딸의 마음, 상상조차 못해 봤다. 그 엄마를 위로하려면 '엄마' 하고 불러야 하는데, '엄마'라는 말을 가장 아프게 겪는 엄마에게 상처가 되지 않을까 가슴이 덜컥 내려앉다니, 생각도 못한 일이다. 그러면서 엄마에 대한 제 마음을 비추어 엄마의 엄마를 향한 그리움을 다시 공감하다니.

우리 엄마, 우리 엄마의 딸, 나의 딸, 내 딸의 엄마, 내 딸의 엄마의 엄마. 엄마, 엄마, 엄마. 죽을 것같이 고통스러운 이름이다. 과거 현재 미래를 한 칼로 베어 내는 이름이다. 아니, 그냥 우리 엄마 얘기를 하고 싶다. 엄마 얘기를 더, 더 많이 하고 싶다. 우리 채윤이는 아직 엄마가 있으니, 엄마가 떡볶이도 해 주고, 엄마랑 같이 쇼핑도 하고, 긴긴 얘기도 나눌 수 있으니. 우리 엄마 얘기를 써야겠다. 고름을 짜내고 짜내서 엄마 얘길 해야겠다.

엄마, 요즘 나는 '나의 하나님'이 아닌 '엄마의 하나님'을 찾아. 나는 늘 엄마만큼 기도하지 못했고, 엄마만큼 하나님을 사랑하지 못했어. 그래서 나의 하나님보다 엄마의 하나님이 더 빨리 기도를 들어주실 것 같다는 생각이 들었어. 엄마가 지금은 쉽게 부를 수 없는 엄마의 하나님께 내가 기도할게. 내가 할 수 있는 거라곤 이것뿐이야.

엄마 때문에 하나님께 가는 길이 막혔다고 생각한 적이 있다. 하나님께 더 가까이 가고 싶은데 엄마가 주입한 하나님이 떡하니 산처럼 막고 있다고, 내 힘으론 넘을 수가 없다고 생각했다. 그래서 엄마 앞에서는 불신앙을 연기했다. "기도혀, 기도밖에는 없다." 이 말이 싫어서 기도하지 않는 척했다. 주일에 물건을 사고팔아 주일성수를 밥 먹듯 어기고, 성경도 안 읽고, 아이들과 가정예배 드리지 않으며, 말씀으로 가르치지 않는다고 했다. 실은 엄마에게 배운 하나님을 버리면서 그분께 더욱 가까워졌는데, 결국 엄마가 가르쳐 준 예수 사랑으로 예수 사랑에 가닿게 되었는데, 엄마가 알아듣게 설명하지 못했다. 나도 엄마처럼 매일 기도하고, 매일 말씀에 목마른 삶을 살고 있다고 고백하지 못했다. 엄마의 딸의 딸 채윤이가 엄마의 하나님께 기도하는 저 신앙은 엄마의 엄마에게서 온 것인데.

엄마가 천국에 있든, 깊은 잠에 빠져 있든, 어디서든 채윤이의 저 기도를 알았으면 좋겠다. 이게 다 엄마 덕분인 걸 알았으면 좋겠다.

마지막 말

준비해 둔 마지막 인사가 있었다.

 "엄마, 고마워. 엄마 딸이라서 정말 좋았어."

식상하지만 사무치고 절절한 말이다.
 말만 준비된 것이 아니다. 그 인사를 어떻게 할지도 생각해 뒀었다. 오래 준비한 이별이다. 39년 동안 늘 준비하고 있었다. 어려서는 무의식적으로, 마음공부와 내적 여정을 한 후에는 의식적으로 했다. 내적 여정으로 치유의 눈을 떠 가던 중 마음에서 오래된 상복을 발견했다. 아버지 돌아가시고 얼떨결에 입었던 상복, 초록색 스웨터를 입고 그 위에 입었던 무섭도록 낯선 옷이었다. 그것을 내다 버리지 못하고 마음의 서랍 깊숙이, 그러나 언제든 쉽게 찾아 꺼내 입을 수 있게 간직하고 살았다. 쾌활함으로 위장한 우울, 당당함으로 감췄던 불안, 가족에 대한 과도한 책임감이 거기서 기인한 것 같았다. 앎이 즉각적으로 치유를 일으키는 것은 아니지만 의식화하게 되었다. 사람들의 상실과 애도 과정에 함께하면서 엄마만은 잘 보내 드려야겠다고 늘 생각했다.

아버지 목회를 도우면서 교우들의 죽음을 돌보던 엄마다. 외할머니, 외할아버지, 이모들의 임종을 의연하게 지키고 진두지휘했던 엄마다. 엄마가 일부러 외워 준 것은 아닌데 하도 여러 번 들어서 생각이 난다.

"돌아가시는데 옆에서 울고 그러면 안 된다. 찬송 불러 드려야 한다. 마지막 숨을 넘기는 일은 매우 힘들다. 그때는 물을 한 숟가락 준비하고 있다가 한 방울을 입에 넣어 넘기도록 해 드리면 마지막 숨이 수월해진다."

엄마의 매뉴얼대로 할 수 있을지 모르겠지만, 적어도 축복 속에 마지막 호흡을 내쉴 수 있도록 하고 싶었다. 엄마의 사랑을 받은 이들이 모여 찬송 부르는 동안 엄마가 잠자듯 눈을 감으시는 것을 상상했고 기도했다. 그때 나는 무슨 말을 하고 싶을까? "고마워, 엄마 딸이라 좋았어." 이 말 외에 없었다.

"가, 엄마. 이제 가. 나는 괜찮으니 이제 가 엄마…."

 39년 준비가 무색하다. 마지막 말이었다. 내가 엄마 귀에 대고, 그것도 절제하지 못한 통곡과 함께 뱉은 말. 호흡기를 차고 있었고 말을 할 수도 없었지만, 의식이 또렷하고 다 알아듣는 엄마였다. 그런 엄마의 귀에 대고 말했다. "엄마, 가. 이제 가."

 돌아가시기 전날, 엄마와 마지막 통화였다. 엄마의 호흡이 너무 힘겹게 느껴졌었다. 임종을 앞두고 한 번 한 번 호흡을 끌어올리는 것이 힘겨운 고통이란 얘기를 들은 적이 있다. 혹시 엄마가 나 때문에 버티고 있는 것이라면 마음 편하게 해주고 싶었다. 아니, 격리된 상태로 외롭게 보내는 엄마의 시간이 견딜 수 없었다. 아니, 실은 엄마의 빛나는 영혼이 더는 무너진 육체 안에 갇혀 있지 않기를 바랐다. 엄마를 안심시키고 싶었다. 이제 신실이가 다 컸고, 김 서방도 있어서 걱정 안 해도 된다고, 편히 가라고. 하지만 그게 마지막 말이 될 줄은 몰랐다.

 어제 늦은 밤, 책을 읽고 몇 줄 글을 남기려다 '숨을 거둔 후에도 청각은 한참 더 남아 있다'는 말이 생각났다. 내가 자주 하는 말이었다. 그러니 얼마나 엄중한 사랑의 태도로 임종을 지켜야 하겠느냐는 의미였다. 우리 엄마는 존경과 사랑에 둘러싸여 평화로운 마지막 숨을 쉴 자격이 있었다. 그런데 무엇? 마지막 말이 저거였다고? 엄마가 저걸 들었다고? 저 말을 듣고 끝이었다고?

용서받을 수 없는 패륜, 씻어 낼 수 없는 죄다. 자책감이란 말도 과분한 심정으로 가슴이 다시 죄어드는 것 같았다. 내 몸을 어떻게 해 버려야 할 것같이, 나를 가만둘 수 없었다. 엄마 돌아가시고 감정이 격해질 때는 동생에게 전화하지 않았었다. 동생도 그랬을 것이다. 피차 어떤 시간을 보내는지 알기에 각자의 슬픔을 견딜 뿐, 서로 더 아프게 하면 안 되었다. 그런데 참지 못하고 전화했다.

"엄마랑 내가 마지막 통화할 때 내가 엄마한테 했던 말 기억하니?"

못 들었길 바랐다. 울음이 반 이상이었으니 못 들었을 수도 있을 거라고, 그렇게 기대했다. 하지만 동생은 또렷하게 기억하고 있었다. 복기해 보니 내가 그 말을 할 때 동생이 얼른 말을 가로채고 전화를 끊었었다. "엄마도 들었을까? 엄마도 제대로 알아들었을까?" 자꾸 물으니 상황을 파악한 동생의 대답이 다급했다.

"그때 누나 편하라고 엄마가 찬송 다 듣고 따라 불렀다고 했는데 사실 그때 엄마 의식이 거의 없었어. 찬송도 못 알아듣고 누나 말도 알아들을 수 없었어."

그랬구나. 엄마가 또렷하게 들었구나!

어떻게 해 볼 방법이 없다. 되돌릴 방법이 없다. 차분히 찬송 부르고 "엄마 잘 자. 곧 보러 갈게." 왜 이렇게 말하지 못했을까. 입에 발린 말이라도 "사랑해. 또 전화할게"라고 할걸. 비록 면회는 할 수 없었고, 몸으로 함께하진 못했지만 엄마가 늘 말하듯 찬송을 불러 드릴 수 있었던 것이 큰 위안이었는데. 거기서 멈출걸. 더 말하지 말걸! 새롭게 견디기 어려운 밤이었다. "어머님이 당신 마음을 듣지, 말을 들으셨겠냐." 몸부림하는 나를 끌어안고 남편이 하는 말도 위로가 되지 않았다. 어떤 늪으로, 죄책감의 구덩이로 점점 더 깊이 빠져드는 느낌 그대로 잠이 들었다. 그 늪으로부터 빠져나오고 싶기는 한 건가.

하지만 아침이 되니 괜찮아졌다. 밤에 했던 남편의 말을 복기해 보니 이해도 되고 수긍도 되었다. 엄마가 나를 아는데,

말보다 마음을 들었겠지. 무엇보다 위로의 말이 필요치 않게 말짱하다. 말짱한 나를 용서할 수 없다. 엄마 떠난 지 얼마나 됐다고 벌써 말짱해지는 것이냐. 밤이 와서 슬픔의 파도가 밀려오면 그 파도를 부풀리고 부풀려서 그 안에 갇혀 버리고 싶다. 그렇게 슬픔에 머무르는 것이 엄마와 함께하는 유일한 방법인 것 같다. 엄마를 잊을까 봐, 나조차도 엄마의 존재를 잊어버릴까 두렵다. 엄마가 죽었는데 봄이 오고 꽃이 피는 것이 잔인하다 했으면서, 숲이 연둣빛으로 변하는 것에 다시 설레다니. 그 숲에 안기려 하다니. 일상의 감각을 되찾는 나를 허용하지 않으려는 또 다른 내가 있다.

낙상 사고 나던 날 응급실에서 본 다음, 바로 요양병원으로 간 엄마를 처음 면회한 날은 2월 24일 내 생일이었다. 생일이라 엄마가 더 보고 싶어 자꾸 눈물이 났다. "면회는 안 되겠지만 병원 앞에라도 갔다 올까?" 말해 준 남편 덕에 병원에 갔고, 눈물로 엄마 안부를 묻다 면회를 허락받았다. 아직 엄마가 호흡기를 달기 전이었다.

"엄마, 오늘 내 생일이야. 엄마, 나 낳아 줘서 고마워. 잘 키워 줘서 고마워. 사랑해. 엄마 사랑해."

엄마랑 함께 울었다. 얼굴 보고 나눈 마지막 말이다. 하고 싶은 말은 다 했다. 그 후에도 많은 마지막이 있다. 입관식에서 엄마 얼굴을 쓰다듬으며 한 말도 있다. 그것도 마지막이다.

프로이트는 애도와 우울증, 그 둘의 차이를 '자기 비하'로 구별할 수 있다고 했다. '사랑하는 사람을 잃거나, 국가, 자유, 이상처럼 우리 안에 자리 잡은 추상적인 것을 잃은 것에 대한 반응' 가운데, 대상의 상실을 자기 비하의 감정 없이 극복하는 과정이 애도라면, 우울증은 극단적인 자기 비하로 상실을 제대로 극복하지 못하고 그것에 집착하는 현상이라는 것이다.

프로이트가 말하는 '우울증'이 정확히 어젯밤의 내 태도다. 내가 한 마지막 말이 떠올라 나를 용서할 수 없었다. 하지만 일말의 자기 비하와 죄책감, 후회 없이 애도의 과정을 통과할 수 있을까? 그때 그 말은 하지 말걸, 그저 "엄마, 코로나 끝나면 보러 갈게" 하고 말걸, "우리 딸 보고 싶다" 하면 바로 달려가서 얼굴 보여 줄걸, 엄마 얘기에 더 많이 귀 기울일걸…. 후회 없이 이 시간을 지날 수 있을까. 떠나보내야 하지만 붙들고 싶기도 한 내 마음을 어쩔 것인가. 프로이트의 통찰이 주는 유익이 있다. 하지만 그리 쉽게 칼로 베듯 구분할 수 있는 것이 아니다.

어느 밤에는 "엄마, 가!" 이 말이 떠올라 다시 늪에 빠지기도 할 것이다. 그 말이 마지막 말이라고, 그 말만이 마지막 말이라고 내게 우기겠지. 한편으로는 엄마와의 마지막 말은 끝나지 않았다고 믿기도 한다. 요즘 자기 전에는 기도를 하거나, 엄마에게 같은 내용을 부탁한다. "엄마, 꿈에 나와 줘. 꿈에 나와서 엄마가 지금도 어딘가에 있다는 것, 아주 잘 지내고 있다는 것을 알려 줘." 이 말이 엄마와의 마지막 말일 수도 있다. 이렇게 오락가락하며 아직 적응 안 된 엄마 없는 날을 살아야 할 것이다. 오락가락해도 되는 거다.

슬픔의 깊은 연대

사랑하는 이의 죽음,

그 상실감이 우리를 연결시킨다.

몸이 다시 사는 것을 믿사오며 1

죽음을 잘 안다고 생각했다. 아버지 죽음을 토대로 삶을 구축했는데 죽음을 모를 수가 있겠는가. 나는 태어나 보니 목사의 딸이었다. 구원, 십자가, 천국, 부활 같은 교리를 엄마 젖과 함께 받아먹었다. '죽음'은 그런 단어로만 해석할 수 있었다. 그렇게밖에는 해석할 수 없을 때 아버지가 돌아가셨다. 목사인 아버지가 돌아가셨으니 '죽음=부활=천국'이었다. 아버지의 죽음은 곧바로 '천국'으로 승화되었다.

> 이 세상을 일찍 떠난 사랑하는 성도들
> 내가 올 줄 고대하고 있겠네.
> 저희들과 한소리로 찬송 부르기 전에
> 먼저 사랑하는 주를 뵈오리.

이 찬송에 위로받았다. 머리로는 이해하고, 덕분에 위로도 받은 것이다. 그러나 몸으로 겪는 것은 겪을 만큼 겪어야지, 쉽게 초월할 수 있는 것이 아니었다. 아버지 죽음이란, 가족관계에 대한 질문을 받았을 때 "아버지가 안 계시거든요"라고 말해야 하는 것이고, 계속해서 질문을 받아야 하는 것이었다. 언제, 왜 돌아가셨냐, 어머니는 어떤 일을 하시냐…. "편부편모 가정 손 들어." 학기 초마다 이 폭력적인 질문에 반응해야 하는 것이었다. 늙은 엄마가 죽을까 노심초사하는 것이며, 어떻게든 동생은 제대로 키워야 한다는 책임감을 등에 지는 것이었다.

죽음은 일단 '부활 신앙'에 맡겨 두고 나는 구질구질한 일상을 살아야 했다. 구질구질하지 않기 위해서, 아버지 살아 있던 때와 똑같은 나로 살기 위해―그렇게 보이기 위해―나는 얼마나 밝고 명랑한 것에 집착했는가. 친구들에게 받는 쪽지 편지에는 "신실아, 너는 정말 행복해 보여"란 문장이 흔했다. 구질구질하거나 슬퍼 보이지 않는 것이 지상 목표가 되었다.

아버지 장례식 마치고 등교하던 날, 그날의 나를 잊을 수 없다. 나는 부반장이었고, 까불이였다. 선생님들 흉내 내고 놀리는 게 내 일이었다. 불과 며칠 전과 다른 모습을 보일 수 없어서, 아버지 없는 아이처럼 보이기 싫어서, 슬픈 모습 보이기 싫어서, 교실에 들어서며 그 어느 때보다 환하게 웃었다. 내 인생 가장 강력하고 치명적인 페르소나가 장착되는 순간이었다. 밤이면 일기장이 흠뻑 젖도록 울며 아버지를 부르고 썼다. 아버지가 쓰던 만년필로 일기를 썼는데, 눈물에 잉크가 번져 페이지마다 미술 작품이었다.

아버지 장례식 중 기억나는 한 장면이 있다. 장례 행렬을 따라 울며 걷는 내게 아버지 친구가 말씀하셨다.

"울지 마라. 너희 아버지 천국 가셨다. 좋은 곳에 가셨는데 왜 우느냐?"

목사님이셨다. 나는 어렸지만 사리 분별은 할 수 있었다. '이게 아버지 잃은 애한테 할 소린가' 싶었다. 그런데 어쩌자고 그 말이 머리에서 내려와 가슴으로 들어왔다. 아버지를 데려간 하나님을 원망 한번 못하고 착하게 살아야 한다고 결심했던 것 같다. 신앙생활 잘해서 나도 죽어서 천국 가야지! 내게 부활 신앙이란 아버지를 다시 만나는 것과 다르지 않았다.

아버지를 다시 만나는 유일한 방법은 천국행 열차를 꼭 잡아타는 것이었다. "나는 구원 열차 올라타고서 하늘나라 가지요. 죄악역 벗어나 달려가다가 다시 내리지 않죠." 이 노래를 부를 때면 "다시 내리지 않죠"에서 안도감이 아니라 늘 약간의 두려움을 느꼈다. 어쩐지 나는 죄악역에 억류되어 결국 그 열차를 타지 못할 것만 같았다. 중간에 '넌 교만하고 죄가 많아서 안 되겠다' 하는 하차 명령을 들을 것만 같았다.

열차를 놓치면 아버지를 만날 수 없으니, 열심히 교회에 충성하는 것이 확실한 방법이었다. "몸이 다시 사는 것을 믿사오며." 내 평생 사도신경을 몇 번이나 외웠을까. 수많은 성경공부로 쌓인 신학 지식이 있지만, 나의 실존적 부활 신앙은 늘 그 지점을 맴돌고 있었다. 그저 지옥이 두려울 뿐이었다. 실은 지옥이라서가 아니라 아버지를 만날 수 없는 세계라 두려운 것이었다.

아버지 죽음 이후 죽음을 안다고 생각했다. 사랑하는 사람의 죽음이 남기는 그림자를 모르는 사람과는 대화가 되지 않는다고 여겼다. 또래 친구들이 다 어리게 보였다. 아버지 정도 죽어 봐야 인생의 깊이를 알지! 중·고등학교와 대학 이후까지 단짝이었던 친구는 나보다 일찍 엄마를 잃었다. 부모의 죽음에 대해 얘기한 적 없지만, 그저 통하는 것이 있었다. 죽자고 그 친구와만 붙어 다녔다. 연애든 결혼이든 부모 잃은 상실감을 살아 본 적 없는 사람과는 어려울 것 같았다. 죽음을 모르는 사람과는 마음이 통하지 않을 것 같았다. 실은 죽음을 아는 것이 아니라 죽음의 흔적을 두려워했을 뿐이었는데. 두려움이 클수록 신앙에 집착했고 그럴수록 죽음에의 공포는 더욱 비합리적으로 증폭되었다. 아버지의 죽음은 결국 어떤 환상이 되고 말았다.

아버지 돌아가셨을 때, 누구도 내게 아버지 죽음을 말해 주지 않았다. 그날 아버지는 이북에서 함께 지내다 월남한 친구가 강원도에서 돌아가셨다며 새벽에 서울에 가셨다. "신실이 피아노를 알아보고 오갔다우"라고 했고, 나는 보조 가방을 사다 달라고 했다. 나가셨던 아버지가 다시 돌아왔다. 춥다고 모자를 달라고 하셨다. 그렇게 가셨다. 그 이후 소식은 그냥 분위기를 보고 알았다. 엄마가 서울로 갔고, 교인들이 수요예배 마치고 기도회를 했다. 밤이 깊었을 때 장로님들과 교인들이 우리 집에 와 여기저기 전화로 부고를 알리며 분주했다. 그 모든 분위기로 무슨 일이 일어났는지 알아들었다. 그렇게 아버지를 다시 보지 못했다. 장례식에서도 동생에겐 돌아가신 아버지 모습을 보여 줬다는데(동생은 무서워서 고개를 돌려 보지 않았다고 했다) 나는 그런 기억도 없다. 아버지는 그냥 사라졌다. 누구도 내게 죽음을 말해 주지 않았고 죽은 아버지 몸을 내 눈으로 확인한 바 없다. 그냥 추측할 뿐이었다. 아버지가 죽었나 봐. 그렇게 40여 년을 '생각'해 왔다.

큰아이가 중학교 1학년이던 해, 기도 피정에 가서 비로소 알았다. 아버지의 죽음은 곧 아버지 몸이 없어진 것이라는 생생한 진실을. 그토록 그리웠던 것이 사라져 버린 아버지의 몸, 아버지의 품이었다는 것을. 아버지는 주일에 저녁예배 마칠 때까지 양복을 벗지 않으셨다. 주일 오후 조금 한가한 시간, 와이셔츠 위에 조끼를 입은 채로 누워 쉬는 아버지 곁으로 가면 팔베개를 내주셨다. 두껍고 든든한 팔이었다. 팔을 베고 누워 아버지 콧구멍을 간지르고 귀를 만지며 놀았다. 넓은 품이었다. 그 품이 평생 그리웠던 것이다. 사무치게 그리웠다. 그 품이 그리울수록 신앙에 매달렸다. 피부에 닿던 사랑을 잃은 상실감을 신앙으로 채웠다. 삶에서는 입에 올릴 수도 없이 두렵고 혐오스러운 것이 죽음이었으니, 빠르게 '천국 소망'으로 대체하는 것으로 회피했다.

죽음을 몰랐다. 죽음이란 다름 아닌 몸의 소멸임을 알지 못했다.

몸이 다시 사는 것을 믿사오며 2

2011년 고난주간을 지나던 어느 날, 벚꽃이 흐드러지게 피었던 때, 가벼운 증상으로 병원에 입원하셨던 시아버지가 위암 선고를 받으셨다. 60대, 아니 50대 같은 70대 아버님이었다. '청천벽력'이라는 말을 처음 경험한 날이다. 처음에 병원에선 6개월 정도 시간이 있다고 했지만, 얼마 지나지 않아 남은 시간이 2개월이라고 했다. 그리고 50일이 되지 않아 아버님은 우리 곁을 떠나셨다.

50일은 죽음은커녕 그렇게 건강하셨던 아버님의 병을 받아들이기에도 짧은 시간이었다. 죽음은 늘 그렇게 예고 없이 우리를 덮친다. 아버님의 병든 몸에도 적응하지 못했는데 죽음을 받아들여야 했다. 너무 짧은 봄이었다. 하지만 그 짧았던 봄은 내게 기나긴 여운을 남기며 새로운 '부활 신앙'으로 이끌었다. 아버님 돌아가신 후 비로소(그렇다, '비로소'다) '부활 신앙'을 실존적으로 믿게 된 것이다. "몸이 다시 사는 것을 믿 사오며" 이 구절을 전율로 말할 수 있게 되었다.

내게 부활과 천국이 관념이 된 것은 어린 시절 재난처럼 닥친 아버지 죽음의 경험 때문이었다. 목사 아버지의 죽음이 천국의 관념을 심어 주었고, 관념에 붙들려 분열의 일상을 살게 되었다. 그런데 아이러니하게도 믿음 없는 시아버지의 죽음이 '몸'의 부활을 일깨웠다. 믿지 않을 방법이 없었다. 언어로 설명할 수 없지만 믿어졌다. 천국이 가깝게 느껴졌다. 백지 한 장 너머에 아버님 계신 천국이 실재하는 것 같았다. 한 번 반짝하고 마는 믿음이 아니었다. 더는 신학적 관념이나 추상이 아니었다. 이생의 짐이 버거워 그려 보는 파라다이스가 아니었다. 피부에 와닿는 실체였다.

아버님과 함께한 마지막 50일, 아버님 몸과 함께했다. 학교 숙제며 피아노 연습으로 할 일이 태산이었지만, 거의 매일 저녁마다 모든 것을 멈추고 아이들과 함께 아버님께 갔다. 가서 멍하니 텔레비전 보다 오는 것이 전부였지만 무작정 갔다. 원래도 말씀이 없으시지만 더욱 조용해지신 아버님이 가까스로 농담이라도 한마디 하시면 가슴이 뻐근해졌다. 주방 구석으로 가서 숨죽이고 울었다.

호스피스 병원으로 가시기 전날에는 아이들에게 용돈을 두둑이 주셨다. "고맙습니다." 늘 하던 말 외에 할 수 없는 아이들, "그래" 대답하시는 아버님. 아무렇지 않아서 더 특별한 고통이었다. 설마 이것이 마지막일까? 마지막 용돈일까? 설마 그럴까? 스치듯 생각했지만 정말 마지막이었다. 호스피스 병원으로 가셔서는 더 빠르게 멀어져 가셨다.

세월이 지나며 더욱 선명하게 보이는 것이 있다. 돌아보면 그 50일간 나는 아버님의 죽음 앞에서 의연했었다. 겨우 주일예배를 따라가 주는 정도로 신앙생활 하셨던 아버님의 '구원의 확신'에 안달복달했고, 내내 눈물로 보낸 50일이지만 꽤 어른스러웠다. 회피하지 않았다. 야위어 가는, 두려움에 더욱 긴장되어 가는 아버님의 몸에서 눈을 떼지 않았다. 오래 바라보고 마음에 담았다.

사실 날이 한 달밖에 안 남았다는 진단 후에는 웬만해서는 누구한테도 할 수 없는 손발이 오그라드는 메시지를 보내 드렸다. 어느 시점부터는 그 문자를 확인조차 하실 수 없는 상태가 되었지만. 평소에도 말수가 적으셨던 아버님은 그 50일 동안 거의 입을 떼지 않으셨다. 그런 아버님께 평생 '사랑한다'는 고백을 제일 많이 들은 사람은 채윤이와 현승이다. 그다음은 나다. 비록 문자였지만 생애 마지막 시간에 남겨 주신 말씀이다. "사랑한다 둘째야"라고 여러 번 말씀하셨다. 문자를 주고받으면서 '며느리'가 아니라 '딸'로 받아 주셨다. "둘째 딸아, 둘째 딸아" 하고 불러 주셨다.

떠나시기 며칠 전, 오후 내내 아버님 곁을 지킬 시간이 있었다. 전날 채윤이가 "할아버지 손톱이 너무 길어요" 했던 말이 생각나 손톱깎이를 챙겨 갔다. 손톱 발톱을 깎아 드리고, 손을 꼭 잡아 드리고, 쓰다듬어 드렸다. 죽음 같은 잠을 주무시는 아버님의 얼굴을 하염없이 바라보았다. 마음 찢어지는 슬픔에도 피하지 않았다.

어려웠던 시아버님이었다. 수줍음이 많으셔서 더 조심스러웠다. 그런데 어쩐지 어려운 마음이 들지 않았다. 그날 집에 와 긴 글을 썼었다. "아버지다, 내 인생 두 번째 아버지다." 첫 아버지를 죽음에 뺏길 때는 속수무책이었지만, 그 재난 때문에 평생 구멍 난 마음으로 살았지만, 두 번째 아버지의 죽음은 아버지보다 내가 먼저 준비할 수 있게 되었다고 썼다. 며칠 후 강의하러 나가려는 순간, 난생 처음 듣는 목소리, 울음에 묻힌 격앙된 목소리의 남편 전화를 받았다. "어서 와, 빨리 와, 아버지가 돌아가셨어." 그대로 달려가 꼭 감은 아버님의 눈을, 아직 온기가 남은 아버님의 손을 매만지고 붙들었다.

평생 그렇게 두려워했던 죽음을 어떻게 그렇게 마주할

수 있었을까. 그 누구도 아닌 착한 아버님, 우리 아이들을 살뜰히 키워 주신 것에 대한 사무치는 고마움 때문이었을 것이다. 암 선고를 받으시던 날, 병원 바닥을 뒹굴며 "아빠, 아빠" 하며 울던 시누이를 지켜 주고 싶은 마음 때문이었을 것이다. 내가 일하러 나갈 때 채윤, 현승이를 돌봐 주신 '낮의 엄마'인 할아버지인데, 아이들이 느낄 상실감을 어떻게 만져 줘야 할까, 정신 똑바로 차려야 한다는 생각 때문이었을 것이다. 평생 아버지와 살갑게 지내지 못한 남편이 진 죄책감의 짐이 가여워서 나라도 잘해야겠다는 심정이었을 것이다.

　무엇보다 그즈음 나는 '신앙 사춘기' 어두운 숲을 헤매다, 정점을 지나 일말의 빛을 감지하고 있었다. 어릴 적 아버지 이미지와 혼재된 하나님, 그리운 아버지인 듯 무서운 심판자인 듯한 하나님 이미지를 버리고 새로운 관계에 돌입하는 중이었다. 아버지 죽음이 남긴 상실감의 공간을 채우던 종교 중독을 알아채고 멈추는 중이었다. 위로부터의 영성에서 벗어나 아래로부터의 영성을 걸음마 하듯 배우는 여정에 있었다. 내가 신앙의 이름으로 초월하고 회피해 왔던 인생의 어두운 면들을 비로소 마주하는 힘이 조금 생겼을 때, 그때 아버님의 죽음을 맞은 것이다.

시아버지의 암 선고는 내 아버지의 죽음처럼 예고 없이 닥쳤지만, 시간이 주어졌다. 6개월 남았습니다, 아니 2개월입니다, 한 달입니다. 6개월 예상이 결국 50일이 되었지만, 처음 아버지 죽음과 견주면 예행연습 하기 충분한 시간이었다. 그 50일, 허튼 부활 신앙 같은 것으로 도망치지 않고 오직 아버님의 몸을 마주했다. 교회에서 심방 오신 분들을 만나기 싫다 하시면 휠체어를 밀고 피하게 해 드렸다. 물론 구원의 확신을 확인해야 하지 않을까 하는 조바심도 만만치 않았다. 마음의 전쟁은 끝이 없었지만 적어도 아버님의 몸을 외면하지는 않았다.

아이러니하게도 그렇게 아버님을 보내 드린 후 부활의 소망이 불타오르기 시작했다. 그 어느 때보다 천국이 가깝게 느껴졌다. 그 소망으로 아버지 죽음 또한 새롭게 바라볼 수 있게 되었다. 시간이 더 걸리긴 했지만, 아버지를 뺏어 간 하나님과도 화해했다. 하나님이 아버지 죽음의 트라우마를 아버님 죽음으로 세심하게 치유해 주시는 것 같았다. 우리 아버지, 우리 아버님, 하늘 아버지와 두루 편안해졌다. 몸이 다시 사는 것을 믿지 않을 수 없었다.

몸이 사라졌다고 존재가 사라질 수는 없다. 불가능이다. 아버님은 몸 그 이상이었다. 아버님이 암 환자의 몸으로 사신 세월은 짧다. 아주 오랜 시간 힘세고 건강하셨으며, 좋은 손재주로 뭐든 고쳐 주시고, 닭백숙도 잘 끓이셨다. 그런 몸이었다. 몸이 쇠약해졌다고 아버님의 존재가 어찌 되지는 않았다. 분명 어떤 방식으로든 아버님은 존재하셔야 마땅하다. 교리에 매여 아버님의 구원을 운운하던 50여 일이 부끄럽고, 부끄러울수록 아버님 몸이 다시 사는 것과 영원히 사는 것이 깊이 믿어진다. 아버님이 남기신 가장 큰 선물이었다.

몸이 다시 사는 것을 믿사오며 3

엄마 장례식 이틀 후, 동생 가족과 만나 믿어지지 않는 엄마의 죽음에 대해 여러 이야기를 나눴었다. 그 끝에 회의주의자 동생이 의외의 발언을 했다. "결국, 천국에 대한 믿음이 또렷해지지 않을까." 예상치 못한 말에 놀라기도 하고 훅 뜨거운 것이 올라왔다. "천국? 나는 천국이 믿어지지 않아"라고 내가 말했다. 이 역시 예상치 못한 말이다. 화가 치밀어 오르고, 분노가 통곡이 되었다. 예상치 못했지만 내 속에서 나온 말이다. 나도 모르게 흘러나온 진실이다.

천국이 믿어지지 않는다. 부활도 마찬가지다. 훨훨 타는 화장장 불에 태워져 한 줌의 재가 된 엄마가 어떻게 다시 살아나? 엄마 몸이 그렇게 내 눈앞에서 사라졌는데 다시 살아난다고? 믿어지지 않는다. 천국? 설령 존재하더라도 지금 내게는 아무 소용없는 천국이다. 엄마가 좋은 곳에 가셨다는 말은 위로가 아니라 차라리 폭력이다. 천국 소망, 언젠가 천국에서 다시 만날 엄마라니, 이 무슨 잔혹한 '소망 고문'인가. 누구도 내게 그런 위로는 건네지 말았으면.

진공상태의 경험은 없다. 트라우마로 남은 아버지 죽음의 경험이 시아버지와의 이별을 다르게 경험하게 했고, 아버님을 보내 드린 이후 엄마의 죽음을 준비하는 마음이 달라졌다. 아버지를 황망히 빼앗기고 보낸 이전의 세월과 달랐다. 죽음에 대한 두려움이나 슬픔이야 어쩔 수 없겠지만, 다시 만날 확실한 소망으로 엄마에게 인사할 수 있을 것 같았다. "엄마, 고마웠어! 곧 만나!" 특히 '곧 다시 만날 것'에 대한 믿음이 견고했었다. 삶을 송두리째 흔든 지진 같았던 내 아버지의 죽음은, 죽음의 한 면일 뿐이라는 것을 비로소 알게 되었다. 평생 여진의 공포에 붙들려 살던 내 인생도 다시 돌아보게 되었다. 입에 올리지도 말고, 죽음이나 죽음을 상상하게 하는 아프고 어두운 생각은 떠올리지 말고, 즐겁고 행복한 생각만 하자, 고통의 근처에는 얼씬거리지 말자! 오래 붙들었던 이 무의식적인 신념을 마주할 수도 있게 되었다.

남편도 비슷한 길 위에 섰을 것이다. 그 누구도 아닌 아버지의 죽음을 겪고 어찌 전과 같은 삶을 살며, 이전처럼 신앙하고 설교할 수 있겠는가. 아버님의 죽음으로 남편은 새로운 길을 갈 용기를 얻었다. 떠나야 할 곳을 떠나기로 결단할 수 있게 되었다. 놀랍고 신비하게도 남편의 결정적인 진로를 열거나 닫는 것은 모두 가까이에서 일어나는 죽음이었다. 그즈음 남편의 설교 제목이기도 했던 "죽음을 짊어진 삶"은 이때로부터 나를 이끄는 한 문장이 되었다. 헨리 나우웬$^{Henri\ Nouwen}$의 책 제목처럼 죽음을 "가장 큰 선물"로 받아들이기 시작한 것이다. 브레넌 매닝$^{Brennan\ Manning}$의 "나는 삶이 가장 두려울 때 죽음도 가장 두렵다"는 말도 그제야 조금 알아들어졌다. 오늘 여기를 산다는 것은 부활을 믿는 믿음 위에서 가능한 것이며, 죽음을 선물로 받아들일 때 현재가 선물$^{present\ is\ present}$이 된다는 것도.

융 심리학과 영성을 공부하면서 '치유'의 다른 이름은 '성장'이라고 확신하게 되었고, 치유자로 살기 위해 내적 성장을 멈추지 않아야 한다는 것을 깊이 새기고 있다. 멈추지 않아야 할 성장의 정점은 나의 죽음을 받아들이는 것이다. 내 인생의 두 아버지가 인생의 오후 시간에 접어든 내게 따스하게 가르쳐 주셨다. 죽음은 오늘을 제대로 살게 하는 가장 큰 선물이라고.

이랬던 내 입에서 부활이나 천국 같은 것이 믿어지지 않는다는 말이 나왔을 때, 함께 앉았던 가족들보다 내가 더 당황했다. 말보다 더 당황스러운 것은 이어지는 내 일상이었다. 죽음 이후의 삶이란 것이 전혀 믿어지지 않게 고통스럽고, 몸이 사라진 엄마의 '현재'가 전혀 상상되지 않았다. 캄캄한 구멍 속에 빠져 있는 느낌이었다. "우리 엄마 지금 어딨지? 엄마, 엄마, 엄마 어딨어?"

몸과 함께 엄마의 존재가 사라진 것이 아니라면, 엄마의 존재를 확인하기 위해 그 구멍 속으로 빠져들어 가는 방법 외에는 없다는 생각에 까만 창 앞에 하염없이 서 있던 순간도 있었다. 엄마와 행복했던 과거는 그리움으로 고통스럽고, 사라진 엄마가 그려지지 않아 고통스럽고, 무엇보다 우리 아이들과 웃고, 얘기하고, 남편과 걷는 오늘의 기쁨은 미래 어느 순간에 상실의 고통이 될 것 같아 꼼짝달싹할 수가 없었다.

꼼짝달싹할 수가 '**없었다.**' 지금은 그렇지 않다는 것인가? 맞다. 쓰는 지금은, 아니 이 며칠은 그 어둔 구덩이 속 느낌은 아니다. (쓰다 보니 알게 된 것, 쓰다 보니 알게 되는 것이 있다.) '천국이 믿어지지 않는다'는 것은 믿음의 문제가 아니라 느낌을 표현하는 방식이었다. 신념이나 의지에 관한 것이 아니다. 신앙을 부정하는 것도, 믿지 않겠다는 의지의 발동도 아니었다. 감정의 표현이었다. 감정을 표현하는 것이 얼마나 어려운 일인가. "내 앞에서 천국 운운하며 허튼 위로할 생각하지 마!"라는 말을 하는 것인지 모른다.

돌이켜 보면, 하관예배의 설교가 상처가 되었다. 신뢰하는 목사님이고, 좋은 설교였다. 참석한 친구는 "설교가 참 좋았다"고 했다. 그러나 나는 힘들었다. 엄마를 땅에 묻고 서서 듣는 설교, '사는 것도 죽는 것도 유익'이라는 말씀이 힘들었다. 다리에 힘이 풀리고 몸이 자꾸 주저앉으려 했다. 그때는 그저 몸이 힘들 뿐이라고 생각했다. 생각할수록 견딜 수 없는 말이다. 유익하지 않다! 엄마가 사는 것은 유익하지만 죽는 것은 유익하지 않다!

줄곧 누군가에게 그 말을 들을까 두려웠다. "며칠 후 며칠 후 요단강 건너서 만나리." 찬송이 울리고 상여 뒤에 붙어 걷던 길이었다. 찬바람 부는 허허벌판에 혼자 버려진 느낌으로 걷고 있었다. 며칠 사이 내게 일어난 일이 믿어지지 않았던 아버지의 장례식이었다. 내 곁에 다가오신 아버지 친구 목사님의 한마디, "울지 마라. 너희 아버지 천국 가셨다. 좋은 곳에 가셨는데 왜 우느냐?" 순간 가슴에 콱 박혀 버린 그 말로 인해 빼앗긴 시간이 애달프다.

마땅히 슬퍼했어야 했다. 울고 울어서 더는 울 필요가 없을 때까지 울었어야 했다. 나는 어쩌자고 그 말을 또렷하게 듣고 마음에 새겼을까. 좋은 곳, 천국에 가신 아버지를 두고 슬퍼하는 것이 죄로 여겨졌다. 죄를 지으면 천국에 갈 수 없고, 아버지는 이미 당도한 천국에 내가 가지 못하면 다시는 아버지를 만날 길이 없으니, 슬퍼하면 안 되는 것이다. 그리하여 아버지가 그리워 슬퍼지면, 그리운 아버지를 다시 만나기 위해 슬퍼하지 말아야 했다. 슬픔, 그리움, 외로움 같은 감정들이 마땅히 미워해야 할 죄라고 믿었고, 그러한 감정에 빠지는 나를 미워했다. 나를 미워하는 것이 아버지에게 닿는 유일한 길이라고 생각했다니.

그 대신 그리움과 슬픔은 '종교적 열심'으로 대체했다. 하나님 아버지가 그 좋은 곳에 내 아버지를 인질로 잡아 두고 '불꽃 같은 눈'으로 나를 지켜보고 계시는 것 같았다. 천국 입성 자격 검증을 위해 내 죄를 낱낱이 기록하고, 매일 저울로 달아 보실 것 같아 신앙생활에 집착했다. 아버지의 넓고 따뜻한 품을 잃고 허허벌판에 선 아이가 하나님 아버지마저 단단히 오해하며 살아온 시간이 아쉽고 서럽다.

엄마 품을 잃은 지금, 누군가 그리 말할 것만 같아 지레 겁이 나서 방어막을 치게 된다. "울지 마라. 네 엄마 좋은 곳에 가셨는데 왜 우느냐?" 신앙의 이름으로 허튼 위로를 건네 올까 두렵다. 아무도, 그 누구도 내게 그런 말은 하지 말아야 한다. 정말 해서는 안 될 말이다.

캐시 피터슨Cathy Peterson은 『애도 수업』에 듣는 사람에게는 정작 상처가 되는 위로의 말을 정리해 놓았다. 첫 번째가 "그는 더 좋은 곳에 있어", 그다음은 "그는 더 좋은 곳에서 더 잘 지낼 거야"다. 이 좋은 말이 왜 상처가 되는지 설명이 필요하다면, 아직 엄마나 아버지를 잃어 보지 않은 분이라면, 내 이 마음을 읽어 보시라. 나도 글을 쓰면서 알게 된 내 마음을 그저 들어 봐 주시라.

믿음의 문제라면 부활을 믿는 내 믿음은 흔들리지 않는다. 두 아버지 죽음의 상실을 짊어지고 처절하게 배운 믿음이다. 부활보다 먼저 나는 죽음을 믿는다. 확신한다. 죽음을 믿는 만큼 몸이 다시 사는 것을 믿는다. 그러니 나의 불신앙을 걱정하진 않으셔도 된다. 건강도 괜찮다. 잘 먹고 잘 웃는다. 잠도 곧 잘 자게 될 것이다.

나는 믿는다.
진실한 말과 행동으로 살아갈 힘을 주는 사람들의 연결과, 하나님을 원망하고 대드는 오만불손한 내 이 죄를 사하

여 주시는 것과,

    우리 아버지, 우리 아버님, 우리 엄마, 먼저 떠난 이들의 몸, 그 몸들이 다시 사는 것과,

    나의 예수님과 더불어 영원히 사는 것을 믿는다.

연결

"엄마, 외할머니 장례식 예배 말이야. 참 좋았어. 나도 많이 울었어. 그런데 엄마한테 이런 얘기해도 될지 모르겠는데 나 실은 할아버지 생각이 많이 났어. 외할머니 장례예배에서 할아버지 생각이 나서 눈물이 나다니. 그런데 어쩔 수 없었어."

작은아이 현승이의 말이다. 또 다른 엄마 같은 할아버지가 돌아가셨을 때, 현승이는 그 누구보다 상실감이 컸을 것이다. 그때 현승이는 얼음이 되었었다. 울지도 않고 멍한 표정으로 장례식장을 빙빙 돌았다. 이후에도 슬픔, 그리움, 그 어떤 표현도 하지 않았다. 그러고는 시간이 지나도 "할아버지 얼굴이 생각이 안 나." 입버릇처럼 말하곤 했다.

어느 날 마트의 장난감 코너에서 넋을 놓고 서 있는 현승이를 봤다. 늘 하던 장난감 구경이 아니었다. 현승이의 시선 끝엔 어느 할아버지와 아이가 있었다. 할아버지가 손주에게 장난감을 사 주시는 모양이었다. 물끄러미 서서 바라보고 있는 현승이의 마음이 느껴졌다. 엄마가 안 사 주는 장난감을 대신 사 주시던 할아버지. 현승이에게는 흔하디흔한 일, 장면이었다. 나는 아이 마음을 알겠는데, 아이는 정작 할아버지 얘기는 거의 꺼내는 일이 없었다. 그랬던 현승이가 처음으로 할아버지 생각이 나서 울었다고 했다. 그리고 내게 미안해했다.

당연히 괜찮다고 말해 줬다. "엄마도 외할머니만 보고 싶은 게 아니라 오래전 돌아가신 외할아버지 생각도 나고, 현승이처럼 할아버지도 보고 싶어 눈물이 나니까 걱정하지 마"라고 했다. 모든 죽음은 연결되어 있고, 우리는 어쩌면 모두 죽음으로 연결되어 있으니까. 그건 현승이가 생각하는 것처럼 그렇게 무서운 것이 아니라 그리움, 사랑 같은 거라고 말해 줬다.

어릴 적 엄마를 잃은 청년이 있다. 특별히 아끼는 제자다. 엄마 장례식 마치고 나를 위로하는 메시지를 보내왔는데, 특별히 위로가 되었다. "고맙다. 이제 나도 엄마 없는 사람이니까 더 친하게 지내자"라고 답신을 보냈다. 우리는 모두 언젠가는 엄마 없는 존재가 된다. 모두가 가야 할 길이다. 그 점에서 공평하다. 공통점이 있을 때 우리는 연결되었다고 느끼고 더 많이 안도하게 된다. 모든 죽음은 연결되어 있고, 죽음은 우리를 연결시킨다.

지난 월요일에는 전주에 다녀올 일이 있어서 아침에 나갈 준비를 하고 있는데 친구들 단체 대화방에 부고가 올라왔다. 한 친구의 아버님이 돌아가신 것이다. 코로나로 인해 조문은 오지 않아도 된다는데 장례식장이 마침 가려던 전주다. 이런 뭉클한 우연이라니! 일정 사이에 잠시 가서 친구를 보고 왔다. 텅 빈 빈소를 지키던 친구가 내가 첫 조문객이라며 반가워한다. 길지 않은 시간 동안 마주 보고 눈물 글썽이며 얘기를 나눴다. 7년 전에 어머니를 먼저 보내 드렸다며, 어머니 얘기로 또 눈물을 흘렸다.

실은 사이가 서먹했던 친구다. 단체 대화방에서 말이 오고 가다 마음이 상하고, 상한 마음을 표현하다 답답해진 내가 퇴장을 해 버렸다. 이후에 다시 만나긴 했지만 썩 편하지는 않았었다. 그런데 비닐 덮인 텅 빈 상을 마주하고 앉아 나누는 대화가 텅 빈 마음을 채웠다. 서먹했던 친구가 한없이 가깝게 느껴지고 내게도 깊은 위로가 되었다. 사랑하는 이의 죽음, 그 상실감이 우리를 연결시킨다.

장례를 마친 뒤에 친구가 잘 마쳤다는 소식을 전했다. 눈물 나면 울고, 아버지 보고 싶으면 아버지 부르라고, 나도 아직 그러고 있다고 말했다. 사랑하는 이를 잃은 우리들, 함께 우는 것 말고 달리 헤어날 길이 있을까. 함께 울어야 한다. 눈물과 진실이 치유다. 오늘만큼은 모든 연결된 죽음, 모든 연결된 사랑을 위해 눈물이 나오는 대로 울겠다.

슬픔의 연대

남편이 어디든 여행을 가자고 했다. 여행이라니. 겨우 이나마 유지하고 있는 일상인데, 여행이라니. 어디 가고 싶은 곳 없냐고 묻고 또 묻는데 가당치도 않은 질문이다. '하고 싶은 것'이 뭐지? 그런 게 있었나? 느낌이 없어졌다. 새로운 것을 보고 느끼며 경탄하는 것이 여행인데, 이 몸과 마음으로 여행이라니.

앞산에 진달래가 피어도, 목련이 봉우리를 터뜨리며 화단엔 여린 새순이 돋아나는데도 마음이 움직이지 않는다. 아니, 꽃이든 낙엽이든 계절 없는 흑백의 시간을 산다고 하는 게 좋겠다. 이따금 꽃 사진을 보내오는 벗들이 있어 '아, 그렇구나. 이런 때지. 생명이 움트는 때…' 하며 그제야 목련, 개나리가 색을 입고 눈에 들어오다가도, '무심도 하다. 엄마가 죽었는데 꽃이 피고 움이 트다니.' 이내 다시 흑백 이미지가 된다.

"그럼, 긴 여행 말고 아침 일찍 출발해 돌아오는 일정으로 통영에 갈까? 도다리 쑥국 먹으러 가 볼까?"

한 번도 먹어보지 않은 도다리 쑥국을 기사에서 보고 툭 나온 말이 1박 2일 통영행이 되었다. 기대는 없었다. 통영도, 바다도, 도다리 쑥국도 그저 흐릿한 흑백사진일 뿐이니까.

서울 강동구에 오래 살았기에 어딘가로 여행을 떠날 때 지나는 첫 관문이 동서울 톨게이트였다. 딱 그 지점을 지나면 '떠나는구나!' 싶어 들뜨곤 했었다. 중부고속도로를 타면 자동으로 몸이 반응해서 두근두근 설렜다. 그 중부고속도로를 타고 익숙한 휴게소들을 지나는데, 덤덤함이 슬픔을 일깨운다. 잠시 스치는 슬픔도 싫어 졸린 척 눈을 감아 버렸다. 다시 느낄 수 있을까? 좋고, 설레고, 행복한 느낌을 다시 느낄 수 있을까? "시간이 필요한 것 같아요." 사람들의 걱정에 내가 먼저 하는 말인데. 시간이 필요하다면 얼마만큼의 시간일까.

도다리 쑥국 정도 상상하고 내려간 통영에서 동백꽃을 만났다. 계획이라곤 없는 여행이라 그야말로 발길 닿는 대로 움직였다. 그러다 어느 공원을 걷는데, 동백숲 너머로 바다가 보이는 풍경이다. 아, 동백꽃! 갑자기 걸을 기분이 났다.

"여기 좋다. 좀 걷자."

걸어야 하니까 걷는 것이 아니라 걷고 싶어졌다. 다리에 없던 힘이 들어갔다. 공원을 한 바퀴 돌고 내려오는 길에 동백꽃 숲을 만났다. 흑백이 아니라 컬러다. 아니, 흑백 '속' 컬러라고 하는 게 좋겠다. 영화 <쉰들러 리스트>의 흑백 속 컬러, 빨간 코트를 입은 소녀처럼, 떨어져 뒹구는 붉은 동백꽃 봉오리들이 색을 입고 마음에 들어왔다. 바닥에 떨어진 시들어 가는 꽃송이들이 아름답다…. 예쁘다…. 슬프도록 아름답다.

살아 있는 엄마와의 마지막 연결, 전화기 너머로 함께 찬송 부르던 장면을 두고 남편이 '찬란한 슬픔과 아름다움이 공존하는 시간'이라고 표현했었다. 통영의 숲에 떨어져 뒹구는 동백꽃 한 송이 한 송이는 찬란한 슬픔이었고, 그 슬픔은 잊었던 심미감을 흔들어 깨우는 강렬한 자극이 되었다. 엄마와 연결되었던 전화기, 아니 카메라를 꺼내 이 각도 저 각도로 담았다. 아름다움이 깊은 위로로 다가왔다.

음악치료에서는 음악 선택이 무엇보다 중요하다. '동질성의 원리'는 음악을 선택하는 첫 번째 기준이다. 클라이언트의 정서와 치료용 음악 사이에 동질성이 있어야 한다. 가라앉은 정서에 사용하는 음악과 흥분된 사람에게 쓰는 음악은 '동질성'이라는 기준으로 골라야 한다. 우울한 마음을 일으켜 세우겠다고 다짜고짜 밝고 경쾌한 음악을 사용하는 것은 위험한 일이다.

이는 음악치료뿐 아니라 모든 마음치료의 원리일 것이다. 공감共感이라고도 할 수 있다. 떨어져 뒹구는 붉은 동백꽃이 내 마음에 공감으로 다가왔다. 동질同質성의 작용이다. 바깥의 풍경과 마음의 풍경이 비로소 공명했다. 동네에 흔하게 핀 꽃을 볼수록 마음이 냉담해진 것은 동질성의 원리에 위배된 탓이었구나. 나는 이렇게 슬픈데 꽃 천지라니, 이토록 처절한 상실의 시간인데 생명이 움트다니, 자연의 섭리조차도 나를 외면하고 고립시키는 것 같았다. 그만 슬퍼하라고, 언제까지 그러고 있을 거냐고, 기분을 전환하라고 채근하는 것 같아 내가 먼저 외면할 수밖에 없었다.

'우리는 연결되어 있습니다.' 이 한 문장을 마음에 담고 치유와 상담 일을 하고 있다. 내면과 외부 상황의 연결, 나와 너의 연결이 자연스럽게 치유를 일으킨다. 그 어떤 연결보다 슬픔의 연대, 상처 입은 사람들의 연대가 가장 치유적이다. '결코 연결되지 않겠다'는 방어적 태도로 치유 그룹에 와 앉아 있는 이들이 있다. 나는 그런 이들이 상처로 피 흘리는 중이라고 읽는다. 몇 회기 지나지 않아 '우리는 연결되어 있습니다'라는 말을 제일 먼저 마음으로 받아들이는 사람은 보통 첫 시간의 그 사람이다.

내 상처를 발설하고, 마주 앉은 이의 아픔과 공명할 때 비로소 일깨워진다. "아, 연결되어 있었어!" 좋은 얘기, 다 나아져서 이제는 괜찮은 얘기, 은혜로 축복받은 간증만으로는 어렵다. 박정은 수녀는 '상처는 존재의 무늬'라고 말한다. 존재와 존재가 만나는 연결은 상처, 실패, 상실을 투명하게 드러낼 때 진정한 것이 된다. 동질성의 원리다.

어제는 4월 3일이었다. 동백꽃 하면 떠오르는 4·3의 날이다. 그날 제주에선 이 집 저 집에서 동시에 곡소리가 들렸다고 한다. 일상을 살던 엄마, 아버지, 할머니, 할아버지, 아들, 딸이 동시에 죽임당한 믿을 수 없는 날이다. 그 죽음 하나하나가 내가 엄마를 잃고 모든 감각을 다 잃은 그런 죽음, 살아 있는 죽음의 경험일 텐데. 그 죽음에 이름도 제대로 붙여지지 않은 채, 끝나지 않은 애도로 피맺힌 슬픔이 툭툭 떨어지는 날이다.

내게 동백꽃은 4·3의 무고한 죽음들, 우리 아버지 우리 엄마 들의 죽음이다. 내게 동백꽃은 일본군 위안부 할머니들의 꽃 같은 청춘이다. 작년 1월, 내가 성폭력 상담가 교육을 받고 있을 때 김복동 선생님이 돌아가셨다. 선생님은 1926년생이시다. 우리 엄마는 1925년생이다. 그분의 장례식 어간에 생전 인터뷰와 영상들을 찾아보며 먹먹한 시간을 보냈다. 그 할머님들의 삶을 마주할 때, 한 분이 또 돌아가셨단 소식이 들릴 때마다 툭 떨어지는 동백꽃 한 송이를 생각하곤 했다. 떨어진 꽃송이와 함께 가슴이 툭 내려앉는 것은 어쩐지 우리 엄마와 다르게 느껴지지 않아서였다. 어느 죽음이 안타깝지 않고, 어느 죽음이 슬프지 않은가.

헨리 나우웬의 말처럼 성별, 피부색, 빈부와 학식의 차이, 그 모든 차이가 태양 볕 아래 눈처럼 녹아 버리는 순간에 우리는 하나라는 기쁨을 느낀다. 내가 다른 사람과 같다는 데서 오는 기쁨이다. 큰 고통과 슬픔은 우리 모두 예외 없이 힘없는 존재로 태어나 힘없는 존재로 죽는다는 진실을 일깨운다. 가진 것, 이룬 것, 성공한 것이 아니라 힘없는 존재로 태어나 힘없는 존재로 죽는다는 사실이 우리를 결속시킨다.

무엇보다 우리를 하나로 연결시키는 것은 '죽음'이다. 통영 어느 공원에 떨어져 나뒹구는 동백꽃은 나와 연결된 수많은 죽음, 아버지와 아버님, 내 엄마와 김복동, 김학순 할머니,

4월 진도 앞바다의 아이들, 이름은 다 모르지만 오래전 제주의 하나하나 특별하고 고유한 죽음에 연결시켰다. 슬픔의 깊은 연결이 어떤 말로도 만져지지 않았던 마음을 만져 주었다.

통영을 떠나기 전 한산도가 바라다보이는 바닷가 벤치에 앉았다. 기운이 났다. 햇빛에 반짝이는 바다가 아름답고, 덥지도 춥지도 않은 바람이 고마웠다. 동백꽃이 공감해 준 덕이다. 이제 집으로 돌아가야 할 시간이었다.

"여보, 우리 집 거실과 안방 침대가 무서워. 거기서 견뎌야 할 시간이 두려워. 거기서 견디는 절대 시간이 필요하다는 것은 알아. 피할 수 없다는 것, 피해서는 안 된다는 것도…."

그렇게 말하니 다시 마음의 하늘에 검은 구름이 몰려왔다. 그런 내 손을 잡아 일으키며 남편이 말했다. "그래. 그래도 자꾸 밖으로 나오자. 이제 다른 시간도 필요해." 신기하게도 어떤 감각이 되살아났다. 견뎌야 하는 절대 시간은 남았겠지만.

통영에서 돌아와 우리 집 소파에 다시 앉았다. 거실 창 너머로 뵈는 앞산에 연둣빛이 어른거린다. 천천히 다가오는 생명의 기운이 위협적이지 않고, 고맙고, 아름답다. 클래식 FM

에서 "대니 보이"Danny Boy가 흘러나왔고 오랜만에 음악에 귀가 열렸다. 책꽂이 끝에 걸린, 넘어가는 해가 남긴 한 조각 빛이 눈에 들어왔다. 바람에 흔들리는, 생명의 기운을 수줍게 머금은 창밖의 나무들도.

따뜻한 국물

"속이서 안 받는다."

비위 약한 엄마가 앞에 놓인 음식을 손가락으로 밀어내며 하던 말이 그립다. 잃었던 입맛을 찾은 후에는 "입맛이 잽혔다"라고 했다. 그 뒤에 따라붙을 "고맙다, 복 받아라" 하는 목소리를 한 번만 더 들을 수 있다면. 귀와 온 세포를 열어 듣고 내 몸에 새길 텐데.

입맛을 잡아 오는 음식이 있다. 도다리 쑥국이 입맛을 찾아 주진 않았지만, 무엇인가를 찾는 데 일조한 것은 사실이다. 일단은 몸을 일으켜 집 밖으로 나가는 것을 도왔고, 집에서 먼 통영으로 불러들였다. 한 번도 먹어 보지 않은 도다리 쑥국이다. 도다리라는 생선에 여린 쑥을 넣어 맑게 끓인 국이란다. 그냥 끌렸다.

통영에서 도다리 쑥국이 유명하다는 집을 찾았다. 상상했던 그 맛이었고, 그럭저럭 맛있게 먹었다. 맛집에 가면 왈가왈부 맛 평가가 있어야 하는데, 딱히 할 말이 없었다. 나와서 가만 걷다가 불쑥 "국물이 따끈했으면 더 맛있었겠다. 국물 온도가 좀 아쉽네" 했더니 남편도 동의했다. "아, 그러네!"

말로 내놓고 나니 몹시, 절실하게 아쉬워졌다. 국물은 온도지! 따끈한 국물이 절실했다. 며칠 전 밥을 차려 먹다가 나도 모르게 툭 나온 말이 있다. "다른 사람이 끓여 준 따뜻한 국물 먹고 싶다." 국도 끓이고 단품 요리도 하면서 잘 먹고 있는데도 그런 말이 나왔다. 그 욕구와 스마트폰 창에서 본 도다리 쑥국이 마주쳐 손뼉을 친 것이다. 뭔가 정말 '따끈함'이 필요했었다. 아, 엄마 영안실에 안치하고 며칠 동안 먹은 것은, 그나마 목으로 넘어가던 것은 따끈한 맑은 국물이었다.

발인예배에 왔던 친척 언니 오빠들, 메시지를 보내 주는 친구와 지인들이 한결같이 말했다. "잘 챙겨 먹어." 살아갈 의욕도, 먹을 의욕도 없지만, 그 말들이 마음에 남아 뭐든 먹으려고 했다. "여보, 뭐 먹을래? 뭘 사 올까?" 남편이 수시로 물었고, 아이들도 자주 물었다. "엄마, 뭐 먹고 싶은 거 있어?" 잔치국수, 콩나물 해장국 같은 걸 사서 국물만 먹었는데, 이제와 생각하니 죄다 따뜻하고 맑은 국물이었다. 식도나 위 어디에 체망이 걸려 있나? 며칠 그렇게 국물만 속에 들어갔다. 실은 국물이 아니라 따뜻함을 원했던 거다. 내장을 타고 몸 구석구석에 스며들 온기가 필요했다.

엄마 장례 후 며칠 지나지 않아 조카 부부가 집에 와 식사를 했다. 뭐 먹고 싶은 거 없냐고 물었으나 답을 못하기에 나름대로 식사 준비를 했다. 식사 후 이런저런 얘기, 결국 엄마 얘기를 하는데, 조카가 주저주저하다 말을 꺼냈다.

"고모, 나 실은 할머니가 끓여 주셨던 김칫국이 너무 먹고 싶어요. 끓여 보려고 해도 어떻게 할지 잘 모르겠고…. 그 맛을 알고 끓일 수 있는 사람은 고모일 것 같은데… 말을 못 했어요."

차를 마시는 동안 급히 김칫국을 끓여서 담아 보냈더니, 다음 날 바로 "이 맛이었어요" 하고 눈물 흥건한 메시지가 왔다. 나도 엄마가 끓여 준 따뜻한 국, 몸과 마음을 데우던 엄마의 국물을 먹고 싶었던 거다. 엄마 몸이 없어졌다는 것은 엄마만의 온기가 사라진 것이었다.

오묘한 연상작용이다. 도다리 쑥국, 미지근한 국물, 따끈함을 원했었지, 따끈한 맑은 국물, 엄마가 끓인 국, 엄마만이 줄 수 있는 온기. 온기가 사라진 낯선 엄마 몸이 다시 떠오른다. 식어 버린 엄마 몸을 매만지다 마음의 온기를 잃어버렸다. 배 속이, 가슴이, 세포 구석구석이 비어 바람이 든다. 그러고 보니 국물로 버티던 며칠 동안 집에서도 목도리를 매고 있었다. 늘 새벽같이 일어났기에 새벽 추위 때문이라 생각했다. 온종일 목도리를 하고 있었더니 아이들이 웬 목도리냐고 놀렸다. 통영에서 자던 날 밤에는 집에 있던 채윤이가 내가 했던 목도리를 하고 사진을 찍어 보내오며 다시 놀렸다.

텅 빈 결핍의 공간에서 바람이 분다. 찬바람이 분다. 아버지가 남긴 결핍의 공간에서 불던 찬바람을 맞으며 살아왔다. 찬바람에 마음이 추울 때마다 일기를 썼다. 그 텅 빈 공간을 글로 채웠다. 그렇게 쓰다 쓰다 작가가 되었다. 아버지 없는 아이라는 결핍이 나의 치명적인 부끄러움이었는데, 그것을 극복하고자 살아온 세월인데… 돌아보면 그 세월이 나를 만들었고, 존재하게 했고, 그 세월이 그냥 나다.

엄마가 남긴 또 다른 결핍과 냉기는 다시 내 인생 후반을 이끌어 갈 것이다. '다른 사람이 끓여 준 따뜻한 국물'이 먹고 싶을 때가 있겠지. 하지만 그 다른 사람, 그 타자, 그 국물을 끓여 낼 유일한 타자, 절대 타자인 엄마가 없으니 허튼 바람으로 슬픈 나를 더 슬프게 하지 말아야지 싶다. 이제는 내가 따뜻한 국을 끓여 주는 그 사람이 되어야 한다. 그리운 것은 '그리운 대로' 두어야 한다.

분노를 위한 시간

엄마 떠난 지 한 달, 부활주일이다.

시간이 이런 거구나. 한 달이 어떻게 지났는지 모르겠지만 뭔가 달라지고 있다. 하루하루 달라지는 앞산의 연둣빛에서 생명을 느낀다. 아침에 눈을 뜨는 것도 덜 힘들다.

사순절이 시작되던 월요일이 내 생일이었다. 그때만 해도, 사순 시기를 특별한 기도의 시간으로 보내려 했었다. 병원에 있는 엄마를 위해서 기도하고, 코로나로 인한 모두의 아픔을 품어야지 싶었다. 아이들이 생일 선물로 화분을 사 주겠다 하여 화원에 갔는데, 거기 있던 커다란 해피트리 화분이 어쩐지 우리 엄마 같았다. 엄마가 공들여 키우던 벤저민 화분이 있었다. 좀 시들라치면 잎을 닦아 주고 매만지며 엄마가 기도를 했다. 그럼 또 어느새 싱싱해져서 키가 천장 가까이 자랐다. 자칭 타칭 죽어 가는 화분도 기도로 살려 내는 여인이었다.

바로 그 벤저민 화분과 닮은 커다란 해피트리를 보며 마음으로 생각했다. 부활주일 즈음이면 코로나도 끝나고 병원의 엄마와 마음껏 면회할 수 있을 거야, 두 달이면 회복된다고 했으니 부활주일 지나면 엄마의 골절된 손목도 꽤 붙어 있겠지. 부활주일과 함께 아픔이 끝날 테니, 그때 와서 저 화분을 사야지. 이 사순 시기를 기도로 잘 보내고 엄마 닮은 저 해피트리 사러 올 거야!

그러나 코로나 시국은 더 막막해졌고, 기다렸던 부활주일 예배도 온라인 영상으로 드려야 했다. "할렐루야 우리 예수 부활 승천하셨네." 첫 찬송에 마음이 얼어붙는다. 성경을 읽고 설교가 시작됐는데, 부활, 부활, 부활… 이 단어를 들을수록 설교가 마음에서 멀어진다. 더욱 차가워지는 마음을 걷잡을 수 없다. 웬만하면 남편의 설교에 은혜를 받는데, 오늘은 설교가 진행될수록 귀를 막고 싶은 심정이다. 냉소, 차가웠던 마음은 어느 순간 분노로 끓기 시작한다. 자리를 박차고 일어나고 싶다. 옆에 아이들이 앉아 있어서 내색할 수가 없다. 눈을 감았다.

겨우 설교를 견디고, 기도 시간이 되어 다시 눈을 감고 화를 다스리고, 다시 찬송을 부른다. "하나님의 독생자 예수 날

위하여 오시었네." 참 좋아하는 복음성가다. "살아 계신 주." 그런데 누가 이렇게 가사를 이상하게 바꿔 놓은 거야. 정규 찬송가에 편입되면서 가사가 많이 바뀌었다. 화가 치민다. 입도 뻥끗하지 않았다. "가슴속에 넘치는 확신 우리의 가는 길에 소망 넘치네." 이 가사에서 분노가 극에 달했다. 눈물이 났다. 화가 나서 눈물이 났다.

예배 마치고 점심 준비하는데 남편이 곁에 와 표정을 살핀다.

"왜 그래? 무슨 일 있어?"
"화가 나."
"왜 화가 나?"
"그러게, 부활주일이라 화가 나."

부활주일이었고, 부활에 대한 찬송을 부르고, 설교 주제가 부활이어서 화가 났다. 부활을 믿으라고, 소망을 가지라고 강요받는 것 같았다. 그 외 더 긴 설명은 어렵다. 장례식 며칠 후 가족들이 모인 자리에서 "나는 천국이 믿어지지 않아"라고 말했을 때와 같은 상황이다.

부활주일이라 화가 난다니, 가족들은 그때처럼 황당할

것이다. 그러나 나는 이런 내 마음이 괜찮다. 갑작스런 감정 변화가 다소 당혹스럽긴 하지만 허용할 수 있다. "그러면 못써!" 하고 내가 나를 꾸짖는 목소리는 전처럼 크지 않다. 느낌에 대해서 옳고 그름을 따지지 않는다. 하나님이 마음에 들어 하시는 느낌이 따로 있다고 생각하지 않는다. '느낌에는 윤리성이 없다'라고 내 입으로 수백 번 했던 말을 내게 들려줘야 할 시간이고, 조용히 허용해 주고 있다. 부활의 예수님도 내 마음을 그렇게 들어 주실 줄 알고 있다.

"그렇구나, 나의 부활이 멀게만 느껴지는구나. 엄마가 그립지? 얼마나 그리운지, 얼마나 슬픈지 알겠구나. 화내도 괜찮아. 진실로 부활을 믿고 싶고, 피부로 닿는 위로를 얻고 싶은 마음의 표현인 걸 내가 왜 모르겠니? 괜찮다. 네가 편하게 화를 내 주니 오히려 나를 믿어 주는 것 같아서 좋구나. 얼마든지 더 화내고 울어도 된다. 내가 다 들어 줄게."

상실과 애도는 짝이다. 상실은 애도를 통해서 벗어날 수 있다(온전히 벗어나는 것이 가능한지는 모르겠다)는 것이 프로이트를 비롯한 정신분석으로부터 시작하여 이젠 정설이 되었다. 충분히 슬퍼해야 떠나보낼 수 있다. 호스피스 운동의 선구

자이며 이 시대 죽음 분야의 최고 전문가라 불리는 엘리자베스 퀴블러 로스^{Elisabeth Kubler Ross}는 일찍이 상실을 수용해 가는 다섯 단계를 정리했다. '부정(그럴 리 없어, 내게 이런 일이 일어나다니!)-분노(왜 나야, 불공평해, 이럴 수는 없어!)-타협(하나님, 한 번만 살려 주면 이제 정말 제대로 살게요!)-우울-수용'이다. 모든 상실에 대한 반응이 꼭 이 순서를 따르는 것은 아니지만, 애도를 위한 과정과 시간이 필요하며 다양한 감정을 통과해야 하는 것은 분명하다.

뇌졸중 때문에 9년간 마비된 몸으로 살아가던 퀴블러 로스가 죽기 한 달 전에 작업을 마친 마지막 책 『상실 수업』은 더는 이론이 아닌 자기 경험의 고백처럼 들린다. 엄마 없는 빈자리를 마주하는 낯선 시간을 통과하며 읽으니 더욱 그러하다. 마치 내게 들려주려고 준비하고 있던 것처럼 책이 다가왔다. 이 책은 슬픔, 공포, 아픔이나 외로움보다 분노가 먼저 다가오며, 더 강하게 일어날 것이라고 한다. 분노가 슬픔에 앞설 수 있다. 나 역시 '분노를 위한 시간, 슬픔을 위한 시간'이란 제목으로, 교회 문제를 겪고 상실감으로 고통받는 이들을 만나기도 했다. 애도의 시간에 충분히 슬퍼하라는 말은 이렇게도 표현할 수 있다. '충분히 분노하라!' 분노가 논리적이거나 타당할 필요는 없다.

퀴블러 로스의 말이 얼마나 큰 위로가 되는지.

분노는 곧 저항의 힘이다. 다시 말해 상실의 공허감 속에 잠시나마 붙잡을 수 있는 하나의 닻이 될 수 있다. 처음에 슬픔은 마치 바다에서 길을 잃은 것처럼 느껴진다. 누구와도 연락이 되지 않는다. 이내 누군가에게 화가 나기 시작한다. 그 누군가가 장례식에 참석하지 않은 사람일 수도, 주변에 없는 사람일 수도, 사랑한 이가 죽은 후 태도가 달라져 버린 사람일 수도 있다. 갑자기 큰 구조물이 올라온다. 그들을 향한 분노가 바로 그것이다. 분노는 드넓은 바다 위로 당신과 그들을 연결하는 하나의 다리가 된다. 그것은 지지대와 같은 것이 된다. 분노의 힘으로 만들어진 그 연결선은 아무것도 없는 것보다는 더 낫다.

우리는 분노를 느끼는 법보다는 억제하는 법을 더 많이 알고 있다.…화를 허락하면 할수록 마음속 깊이 감춰진 감정들을 더욱 더 찾게 된다. 분노는 가장 즉각적인 반응이지만, 그것을 다스리면서 숨어 있던 또 다른 감정들을 발견하게 될 것이다. 보통은 상실의 고통을 발견하게 된다. 분노의 강도가 감당하기 버거울 수도 있다. 어떤 면에서 그것은 잃어버린 사랑의 양과 비례하기 때문이다. 고통 속으로 들어가면 그곳에서 빠져나올 수 없을 것 같고 영원히 지속될 것처럼 보인다. 하지만 결국 반대편 출구로 나오게 될 것이다. 고통은 가라앉고, 상실의 감정들은 다시 형태를 바꾼다. 다른 이의 시선 때문에 분노를 무시하지 않도록 하라. 누구든 당신의 분노를 비난하도록 두지 말라. 심지어 당신 자신이라 할지라도.º

깔깔 웃다 갑자기 눈물이 날 때도 있고, 한없이 내려앉던 마음에 불끈 힘이 들어갈 때도 있다. 부활주일 찬송 하나에 화가 머리끝까지 치밀기도 한다. 이렇듯 예측 불가의 감정 상태에도 당황하지 않으려고 한다. 더욱이 나 자신을 비난하지 않으려고 한다. 판단하지 않고 의미를 찾으려 하지 않고 그냥 그대로 느끼려고 한다. (나 잠시 미친년이야, 엄마를 잃었는데 미치지 않는 년이 미친년이지!) 치밀어 오르는 분노의 칼끝이 내게로 향할 때는 죄책감에 끌려다니게 된다. 이 역시 '이렇게 느끼지 말자'라고 결심해서 되는 일이 아니다. 충분히 느끼고 지나가게 둘 생각이다. 그러니 당신 옆에 사랑하는 이를 잃은 누

- º 엘리자베스 퀴블러 로스·데이비드 케슬러, 『상실 수업』(인빅투스, 2014), pp. 36-37.

군가가 있다면 그냥 느끼도록 두라. 감정이 오락가락하더라도 두려워하지 말기 바란다. 다른 것을 느끼라고 강요하지 말고, 그만하라고 재촉하지 말기를. 충분히 머무르다 반대편 출구로 나올 때가 있을 것이다. 누구보다 그러기를 바라는 사람은 고통에 빠진 당사자다.

찜해 뒀던 해피트리를 생각하면, 그때 그려 두었던 계획이 수포로 돌아간 것을 생각하면, 이렇듯 멀기만 한 부활의 소망을 노래하다 보면 화가 나고 슬프다. 사순 시기를 기도로 근신하며 보내면 내가 바라던 그 부활을 보상으로 받을 거라 기대했다. 내 뜻대로 되지 않는 일이 많아 자주 화가 났지만, 엄마 죽은 지 한 달 만에 맞는 부활주일이라 특별히 화가 난다. 분노를 위한 시간이다. 분노에 내어 준 시간 뒤에는 무엇인가 또 다가오리라. 그게 어떤 미친 감정이 됐든 피하지 않고 기꺼이 시간을 내어 주겠다. 달리 도리가 없다.

창피했던 엄마, 창피한 나

엄마 꿈을 꿨다.

  캄캄한 골목길을 통해 집으로 간다. 모퉁이를 돌아 몇 발짝 올라가면 우리 집이다. 작고 깔끔한 느낌이 일본식 집을 연상시킨다. 조금 낮은 곳으로 마주 보는 집이 있다. 우리 집과 비슷한 느낌이다. 그런 집들이 있는 동네다. 맞은편 집에 사는 젊은 여자를 만나 엄마에 관한 얘기를 나눈다. 그 여자가 우리 엄마를 존경한다는 식의 얘길 한다. 엄마가 동네에서 대체로 그런 평을 받고 있는 것 같다. 집에 들어갔는데 한복(옷고름 없이 브로치로 고정하는 단출한 한복)을 입은 엄마가 노트북 앞에 앉아 있다. '선교'에 관한 글을 써야 하는데 잘 안 써진다고 한다. 낯설게 젊고, 말이 없고, 지적인 느낌의 엄마다. 나는 아까 젊은 여자와의 대화를 떠올리며 "엄마 땜에 창피해 죽겠어"라고 말한다. 엄마에 대한 호평이 좋고 자랑스럽다는 뜻인데 조금 장난스럽게 돌려서, 꼬아서 말하는 것이다.

잠에서 깬 후에 꿈속 마지막 말에 붙들렸다. '창피해 죽겠어!' 꿈 자아의 마음, 본의는 그게 아니다. 자랑스럽다, 또는 엄마 인기가 좋으니 덩달아 좋다는 뜻이다. 그런데 왜 그렇게 말했을까? 좋은 걸 좋다고 하고, 자랑스러운 걸 자랑스럽다고 있는 그대로 말하면 될 것을. 왜 그러지 못했을까, 꿈속의 나는! (의식의 나도! 왜 그러지 못할까.)

지난번 꿈에서는 남은 시간이 별로 없는 엄마가 전화를 걸어왔었고, 나는 또 예의 그 장난스러운 태도로 설레발치다 엄마가 하고 싶어 하는 말을 듣지 못했다. 두 꿈 다 엄마를 진지하게 대하지 못하는 태도가 비슷하다. 감정을 있는 그대로 느껴 머무르지 못하고 가벼운 농담으로 돌려 버리는 것이 비슷하다. 이는 평생, 특히 돌아가시기 전 몇 년 동안 내가 엄마를 대하는 태도였다. 귀나 눈의 감각이 둔해져서 못 알아듣고 실수하는 엄마를 보며 깔깔거렸다. 실수들이 정말 귀엽고 재밌기도 했지만, 몸으로 극명하게 드러나는 엄마의 치명적인 노화 증상을 거부하고 회피하고 싶은 방어였다. 희화시키고, 농담과 유머로 대체하는 것이 내겐 가장 익숙한 방어기제다.

'엄마 때문에 창피해 죽겠다'는 느낌은 철들기 전 나를 지배하는 일상적 감정이었다. 엄마가 늘 창피했다. 버스에 타면 자리를 맡기 위해 빛의 속도로 움직이던 엄마, 자리를 맡고 앉아 "신실아" 부르던 엄마의 큰 목소리가 부끄러웠다. 물건을 살 때마다 집요하게 깎는 것도 그랬다. 사실 이런 창피함이야 나만 그런 것도 아니었다. 제 부모가 하는 모든 것에 짜증 내고 창피해하는 것이 사춘기 증상이니까. 그런데 어쩐지 잊히지 않는 장면이 하나 있다. 사춘기라 할 청소년기도 다 지나고 나름 성인이 되었을 때다.

대학생이 되어 작은 교회 주일학교 교사를 맡았다. 그야말로 열정적으로 봉사했다. 주변 교회 주일학교 교사들 모임을 만들어 찬송, 율동, 레크리에이션 정보 같은 것을 교환하곤 했다. 여느 날처럼 그들과 어울려 놀다가 늦은 시간 함께 동네를 걷고 있었는데, 저 멀리 옷 무더기 같은 엄마가 걸어왔다. 엄마에겐 철야기도가 일상이었다. 매주 금요일마다 하는 철야기도 외에도 신학기가 시작되는 3월과 9월엔 한 달 내내 철야기도를 다녔다. 겨울철에 새벽기도나 철야기도를 갈 때는 옷을 입고 또 입고, 그 위에 또 입곤 했다. 엄마가 벗어 놓은 옷이나, 입고 움직이는 모양이 다를 바 없이 그냥 옷 무더기였다. 밖에서 엄마를 만나면 '창피함 관성'이 있어서 일단 흠칫하곤 했지만, 그때는 철이 든 때였다. 그즈음 밖에서 엄마를 만나면 잠시 흠칫하고 나서 반가웠다. 저쪽에서 옷 무더기 엄마가 걸어오고 있었고, 가까이 오면 장난치며 아는 척하려 했다. 할 수 있었다. 그런데 그때, 옆에 있던 사람 중 하나가 엄마를 보고 "저 할머니 분명 철야기도 가신다" 하며 웃었다. 아무렇지 않았던 마음이 순간 요동치며, 고개를 돌리고 엄마를 지나쳐 버렸다. 창피하지 않았는데, 왜 그랬을까? 그리고 그 장면은 왜 이리 잊히지 않을까.

엄마가 창피한 이유를 들자면 한이 없지만, 무엇보다 엄마의 늙음이 창피했다. "너네 할머니 왔다." 이런 말을 직접 들어 본 적은 없지만(동생은 많이 들었다고 한다. 나는 엄마 나이 마흔다섯에, 동생은 마흔일곱에 태어났다), 동화 같은 데서 그런 문장을 읽으면 다 나를 두고 하는 말 같았다. 늙어서 감각이 떨어지는 것은 말할 것도 없다. 늦게 낳은 딸이라 나름대로 예쁘게 키우려 했던 것 같은데 뭔가 늘 어설펐다. 분수머리가 유행하던 초등학교 시절, 엄마가 묶어 준 내 머리는 어딘가 친구들과 달랐고 이상했다.

아버지 돌아가신 후 엄마의 사명은 오직 남매를 가르치는 것이었다. 엄마는 '콩나물 장사를 하더라도 서울로 가야겠다, 애들 공부시키는 방법은 서울로 가는 것밖에 없다' 하고 무작정 이사를 결정했다. 서울로 가서는 교육비와 최소한의

생활비 외에는 돈을 쓰지 않는 방식으로 살았다. 욕구가 많고 다양한 나는 그런 엄마가 힘들었고 창피했다. 대학 입학한 딸에게 정장 한 벌을 사주지 않는 엄마였다. 대학 신입생 때는 종로 어느 구두 가게를 지나다 노란 구두를 봤는데 너무나 마음에 들었다. 몇 날 며칠을 엄마에게 사 달라 졸랐지만, 엄마 머릿속엔 다음 학기 등록금밖에 없었는데 노란 구두 같은 것이 입력이 될 리 없었다. 결국 내가 모은 돈으로 노란 구두를 사고야 말았지만 발이 아파 몇 번 신지도 못했다.

가장 답답한 것은 신앙생활이었다. '주일에 물건 사면 안 된다, 새옷을 사면 주일에 먼저 입어야 한다, 교만하지 마라, 네가 잘나서 된 것 아니다, 다 하나님 은혜다, 믿는 사람이 미워하는 사람이 있으면 안 된다, 하나님이 기뻐하시는 일이 아니다, 너 기도 안 하지?' 엄마에게 유일한 책은 성경이고, 평생 의미 있는 활자란 성경과 찬송뿐이다. 초등학교도 다니지 못한 엄마가 1년에 한 번, 어떤 때는 그 이상 성경통독을 한다는 것이 차라리 기적 같은 일이다. 성경 외에 단 한 권의 책도 읽지 않은 인생이다.

나도 엄마가 되었고, 어떻게 해도 아이에게 부족함의 공간을 남기지 않을 수 없다는 것을 안다. 나의 엄마 됨이 아이들에게 결핍과 상처의 근원이 된다는 것을 받아들이는 것은 새로운 아픔이었다. 무엇보다 아이들이 엄마인 나를 부끄러워한다는 것은 견디기 어려웠다. 엄마가 내게 했던 정반대로 한다 해서 극복되는 문제가 아니었다. 내 엄마에게 느낀 결핍감에 매인 채로 엄마 노릇을 할수록 내 아이와는 더 멀어진다.

"엄마는 할머니한테 이런 걸 받아 본 적이 없다. 도대체 뭐가 부족해서 그러는 거냐?"

최악의 말이다. 이걸 채워 주느라 저쪽에 구멍을 내고, 저 구멍 메우느라 여길 놓치는 것이다. 엄마보다 많이 배웠고, 합리적 신앙을 가졌고, 아무리 센스가 넘치더라도 아이들의 모든 욕구를 채워 줄 수는 없다. 결국, 원죄는 결핍감의 대물림인지 모른다. 결핍감이 낳는 갈망, 깊은 갈망, 무엇으로도 채워질 것 같지 않은 갈망. 다시 말하면 부모는 창피한 존재다. 어느 부모랄 것 없이 부모는 자식의 부끄러움이다. 이제 조금 엄마가 창피하지 않게 되었다. 아니, 창피하지만 그 창피함을 정상으로 받아들일 수 있게 되었다.

꿈에서 엄마는 노트북을 앞에 두고 글을 쓰고 있다. 무의식의 세계, 꿈에서나 가능한 장면이다. 노트북과 엄마, 글을 쓰는 엄마란 죽었다 깨어나도…. 아, 엄마는 지금 죽었다 깨어난 건가?

꿈 얘길 했더니 남편이 웃으며 말한다.

"지금 어머님은 천국에서 당신이 살아오신 인생을 쓰고 계신가 보다."

그렇게 상상해 볼까? 죽음 직전까지 의식의 끈을 놓지 않았고, 인생 가장 소중하게 붙든 말씀과 찬양을 잊지 않았던 엄마다. 노인이 될수록 허튼 말이 줄고 지혜가 빛났었다. 그랬던 엄마지만 지성의 결핍은 어쩔 수 없었다. 이 땅을 살았던 엄마의 치명적 한계였다. 낙상 사고로 멍든 얼굴, 인공관절로 겨우 버티던 걸음걸이, 골다공증으로 칼슘 다 빠져나간 몸과 함께 이 땅에선 극복할 수 없었던 한계다. 몸을 벗은 빛나는 영혼은 못 배운 한, 지성의 결핍까지도 말끔히 지워진 새로운 모습일까. 그럴까. 부디 그러하기를! 엄마가 천국에서 글을 쓰면 좋겠다. 빛나는 천국에서 그 무엇보다 엄마의 지성이 빛났으면 좋겠다.

꿈이 드러낸 내가 모르던 마음, 모르고 싶은 마음이 있다. 극복했다고 하지만 나는 아직 엄마가 창피한 것이다. 아니,

엄마와 연결된 나를 수치스럽게 여기는 것이다. 엄마가 아니라 엄마로 치환된 나의 어느 부분이다. 나는 나의 글, 나의 지적 기반이 늘 부끄럽다. 뿌리 없는 지성이라 생각한다. 수치심과 결핍감은 끝없이 온라인 서점을 들락거리는 것으로, 불안과 혼란이 올 때마다 책 속으로 빠져 들어가는 것으로, 이 학교 저 학교 박사과정을 서핑하고 다니는 것으로, 어떤 사람의 글을 질투하는 것으로 드러난다. 잘 배운 엄마에게서 태어났으면 어땠을까 생각하곤 한다. 아무 걱정 없이 공부에 전념할 수 있었고, 맘껏 공부해서 유학도 갈 수 있었다면. 그랬으면 어땠을까.

이 유치한 상상을 자주 하는 것은 존재 깊은 곳의 수치심이다. 엄마에 대한 창피함뿐이라 하기엔 너무 뿌리 깊은… 그냥 내 것이다. 인정하고 싶지도 않고 마주하고 싶지 않은 그것을 꿈이 드러내고 마주하게 한다. "엄마 때문에 창피해 죽겠어"가 아니다. 나다. 나 때문에 창피해 죽겠는 거다. 심플한 한복을 입고, 늙지도 젊지도 않은 엄마가 감정에 휘둘리지 않는 표정으로 글을 쓰는 모습이 숭고하게 다가온다. 내 엄마다. 내 안에 그런 엄마도 있다.

내가 몰랐거나 인정하지 않았던 엄마가 있다. 엄마는 야학에서 공부하던 얘길 자주 했었다. 수학을 배우는데, 하루는 10의 자리 뺄셈 배우는 날에 결석했다고 했다. 다음 시간에 가서 시험을 치는데, 배우진 않았지만 '가만히 생각해 보니까 앞에서 꿔다 쓰면 되겠다 싶어' 그렇게 풀었단다. 배우지도 않고 100점을 맞았다고, "옥금이가 보통 비상한 머리가 아니다"라고 선생님이 칭찬을 했단다. 아버지 돌아가시고 우리가 서울에 왔을 때, 아버지 양복을 하려고 뒀던 천으로 엄마가 투피스를 맞춰 입은 적이 있다. 회색 천의 재킷과 스커트는 지금 생각해 보면 브랜드 'KEITH' 느낌이 나는 세련된 투피스였다. 비단 장사를 하던 엄마가 남는 천으로 한복을 해 입으면 교인 중 어떤 집사님들이 그렇게 질투를 하더라고 했다.

늙고 무식하고 감각 없는 엄마보다 내가 몰랐던 엄마의 세계는 더 광활할 것이다. 꿈은 내 수치심에 가둬 둔 엄마를 다시 만나라고 말한다. 아니, 꿈의 엄마가 새롭게 만나자고 말을 걸어온다. 다른 엄마를 만나 봐야겠다. 슬픔과 죄책감을 피하지 않고, 애도의 시간에 오롯이 머물며 새로운 엄마를 만나야겠다. 필연, 엄마가 아니라 새로운 나와의 만남이 되겠지.

언어, 빛나는 삶의 비밀

40일이다. 40일, 한 달, 21일. 이런 시간을 문득 인식하곤 했지만 크게 의미를 두진 않았다. 애도 일기를 쓰고, 블로그에 글을 올리지 않았다면 그 40일은 아침과 저녁, 하루나 이틀로 분절되지 않는 한 뭉텅이가 되었을 것이다. 그러나 다시 생각해 보니 21일째 아침, 한 달째 되던 아침은 조금 달랐던 것도 같고 오늘 아침도 그렇다. 괜히 21일, 한 달, 40일이 아닌가 보다. 며칠이 지났는지 날을 세는 때는 나로부터 한 걸음 빠져나올 때니까 말이다. 한 걸음씩 물러나 더 멀리서 바라보는 것이 필요하다. 오늘 아침엔 엄마 떠나고 읽었던 책을 모아 봤다. 노트북 옆에 쌓여 있거나 침대나 소파 옆 탁자에 굴러다니던 것들이다. 기념사진 한 장 찍고 책꽂이에 꽂았다.

깨어 있는 시간이 고통스러울 때, 가장 좋은 진통제는 책이다. 책조차 읽을 수 없는 날도 있었지만 그래도 동굴 속

40여 일을 견딜 수 있었던 것은 활자 덕분이다. 읽을 수 있고 쓸 수 있다는 것은 얼마나 큰 행운이고 특권인가. '애도'를 다룬 여러 책을 읽었다. 이미 읽었던 것도 있고 이번에 새로 주문한 책도 있다. 세상의 모든 애도를 다 들어 봐야 할 것 같았다. 며칠은 미친 듯이 읽어 댔다. 공부로 읽던 때와는 비할 수 없는 공감이었다. 나를 통과한 읽기란 이런 것이다. 정신분석 이론으로 복잡하고 건조하기 이를 데 없이 '설명'하는 내용조차 위로가 되었다. "이게 이런 말이었구나!" 비로소 알아듣게 된 문장들은 또 얼마나 많았던가.

두 권은 두고두고 잊지 못할 인생 책으로 남을 것 같다. 텐도 아라타의 『애도하는 사람』과 스에모리 지에코의 『언어, 빛나는 삶의 비밀』이다. 『애도하는 사람』은 이전에 읽었던 왕은철의 『애도예찬』에서 추천받은 소설인데, 나도 모르게 주문해 읽게 되었다. 무엇엔가 홀린 듯 선택한 것 같다. 아니, 내가 선택되었는지 모른다. 책을 읽는 내내, 죽음이란 죽음을 다 찾아다니는 주인공 시즈토의 애도가 우리 엄마에게까지 닿을 것 같은 희망, 아니 이미 닿아 연결된 느낌이었다. 정말이지 깊은 위로였다. 소설 한 권이 가장 어두운 시간을 버티는 촛불 하나가 되었다.

『언어, 빛나는 삶의 비밀』은 엄마 장례 후 처음으로 혼자 산책 나갔다가 만났다. 하염없이 걷다 지하철역 근처 성바오로 서점에 끌리듯 들어갔다. 막 나온 신간의 표지가 예뻐서 집어 들었다가 그대로 머리말과 몇 편의 글을 읽었다. 결혼 생활 11년 만에 갑자기 남편을 잃고, 두 아들을 고이 키우던 중 큰아들이 사고로 불치의 병을 얻고, 55세에 재혼한 철학자 남편은 재생불량성 빈혈을 앓고 있으며 뇌출혈로 언어 능력마저 서서히 잃어 가고 있다. 책은 이런 사람이 쓴 글이라고 하기엔 너무나 긍정적이고, 언어가 곱다. 나는 엄마의 죽음 앞에서 부활을 믿네 못 믿네 하며 분노와 냉소를 오가는 중이었다. 고통의 크기를 비교하는 것이 어리석지만, 나와는 비교도 되지 않을 상실, 상실'들'을 이렇듯 순화된 언어로 기술할 수 있다고? 깊어 흔들리지 않는 믿음과 소망으로? 묘한 끌림과 거부감이 함께 일렁였다. 신심 깊은 가톨릭 신자이며 그림책을 편집하는 저자의 앞에 서니 기복 심한 내 감정과 얕고 경박한 작고 작은 내 믿음이 보였다. 그럼에도 좋았다. 이럴 수도 있구나, 내가 참 멀리 왔구나, 착한 믿음과 순한 언어를 너무도 많이 잃었구나…. 당장 이런 나를 내가 품고 가는 수밖에 없지만, 언젠가는 나도 절제된 언어로 이 시간을 다시 쓰고 싶다는 생각을 했다.

어쨌든 나는 이렇게 쓰고 있다. 아버지 돌아가시고 처음 일기 쓰기를 시작했고, 그때로부터 시작한 '쓰기'가 나를 나로 만들지 않았던가. 그때의 '쓰기'는 뭐가 뭔지 모르는 쓰기였다. 뭔지는 모르지만 느껴지는, 아버지가 사라진 세상의 부조리를 유치한 질문으로 쓰고 또 쓴 것이다. 낮에는 그 무엇도 잃지 않은 아이처럼 쾌활한 웃음으로 살고, 밤에는 울며불며 쓰고 또 썼다. 어린애가 살자고 선택한 방식이라니, 얼마나 안쓰러운가. 아니 그것이 '쓰기'여서 얼마나 다행인가.

아버지를 잃은 열세 살엔 뭘 모르고 썼다. 글이 나를 썼는지도 모르겠다. 지금 엄마를 떠나보낸 나는 열세 살이 아니라 쉰둘이고, '치유 글쓰기'를 가르치는 '나리'(글쓰기 등 치유 모임에서 쓰는 내 별칭)다. 상실과 트라우마를 치유하는 발설의 힘을 안다. 내 자신이 소름 끼치도록 경험했다. 그래서 이렇게 쓴다. 뿌득뿌득 포기하지 않고 쓴다. 엄마 떠난 40일, 그 어떤 생산적인 활동 없이 좀비 같은 날을 살지만, 글을 한 편씩 써내는 것에 사는 의미를 두고 쓴다. 처음 글쓰기가 상실에 대한 무의식적 반응이었다면 이제 나는 충분히 의식화되어 나의 이야기를 쓰는, 그 누구도 아닌 나를 위한 작가다.

이 글들의 시작은 나를 위한 것, 나의 숨을 쉬기 위한 인공호흡의 행위였다. 그런데 시간이 지날수록 글의 독자로 앞

세우게 된 존재들이 생겨났다. 부모를 떠나보낸 많은 사람들이 제대로 애도하지 못한 채 어정쩡하게 일상으로 돌아와 있다는 것을 알게 된 것이다.

　실은 저도 그랬어요, 실은 나도 그런 생각 많이 했어요….
　더 슬퍼하고 애도했어야 했는데 나는 왜 그러지 못했을까?
　뒤늦게 감정이 올라와요….

　나를 위한 글쓰기가 나 아닌 누군가를 위하는 일이 될 수 있다는 생각이 든다. 어쩌다 나는 아버지 죽음을 글로 풀어내게 되었고, 평생 그 상실의 경험을 쓰고 또 쓰면서 여기까지 왔다. 내 생애 가장 부끄럽고 극복하고 싶었던 아버지 부재가 결국 나를 만들었고, 무의식적으로 붙들었던 '언어'라는 힘이 나를 구축했다.
　우리 모두 언젠가는 엄마를 잃은 사람, 아버지 없는 사람인데, 쓸 수 있는 내가 써야겠다. 나라도 얘기해야겠다. 부모를 잃는 것은 어마어마한 일이고, 그렇게 쉽게 아무렇지 않게 살아지는 것이 아니라고 말해야겠다. 빨리 정상화되지 않았어도 된다고, 얼마간 미친년이었어도 된다고, 이제라도 얼어붙은 감정 몇 조각 녹여 내는 것이 좋다고 떠벌이고 싶다. 내 안에 아직 다 울지 못한 어린아이에게 충분히 시간을 주고 허용해 주며 나와 연결된 당신에게도 그러자 하고 싶다.

쓰고 읽을 수 있다는 것이 내겐 과분한 행운이다. 아버지 죽음의 상실감으로 내 인생 자체가 실존적 피해의식 덩어리다. 정희진은 글 쓰는 사람에게 '상처'는 권력이라고 했다. 그 상실이 내게 힘이 되었으니 이 역시 남다른 행운이다. 상실의 역설이다. 그러니 나도 감사하려고 한다. 스에모리 지에코 같은 곱고 맑은 감사와 긍정은 없지만, 내 나름의 너덜너덜하고 거친 언어로 빚는 감사가 있다. 그녀에게 언어가 빛나는 비밀인 것처럼 내게도 나름대로 소중한 비밀이다. 내 나름의 언어로 조금 더 쓰겠다. 아버지의 부재, 엄마의 죽음과 (권력이 된) 내 상실과 상처를 조금 더 쓰려고 한다. 쉰둘의 내가 열세 살 나와 손을 맞잡고, 더는 쓰고 싶지 않을 때까지 쓰고 발설하도록 같이 가 보려 한다.

그리움의 노래

엄마가 떠나고
시간이 지날수록 확인되는 것은 빈자리다.
무엇으로도 채울 수 없는 공간이다.

허무의 강, 떠오르는 것들

몇 년을 두고 '접어야지, 접어야지' 하던 일을 드디어 접었다. 키보드며 악기 보따리를 들고 여기저기 옮겨 다니는 프리랜서 음악치료사 생활을 오래 해 왔다. 이제는 글쓰기와 연구소에 집중하고 싶어서 음악치료 일을 조금씩 줄이는 중이었다. 안정된 밥벌이를 한꺼번에 다 정리할 수는 없어서 한 기관만 남겨 두고 있었다. 그런데 엄마 장례식 마치고 코로나 방역 상황에 따른 교육 일정을 조정하다 생각지도 않은 말을 해 버렸다. 그만두겠다는 말이 불쑥 튀어나온 것이다.

'대책도 없이 내가 어쩌려고 이러지?' 싶으면서도 어깨가 턱 가벼워졌다. 속이 뻥 뚫렸다. 뻥 뚫리는 그 느낌 덕에 '아, 그동안 쌓인 게 많았구나!' 알게 되었다. 내 몸보다 더 큰 키보드를 들고 다니는 것은 물론 사용주의 은근한 갑질을 견디기도 쉽지 않았다. 여러모로 힘에 부치는 일이었다. 진즉에 그만뒀어야 했는데 용기가 나지 않았었다. 지금도 용기 어린 결단은 아니다. 그저 조금 의미가 없어졌고 애써 버티던 모든 것이 허무해졌을 뿐이다.

내가 무엇을 위해 이러고 살지? 의미를 묻는 질문이 올라올 때가 있다. 아침이 되면 눈을 뜨고, 요일과 일정에 따라 정해진 일을 하며 산다. 대부분 내가 좋아하는 일이고, 자발적으로 선택해 온 오늘이기에 큰 불만이 없다. 잘 굴러가는 일상이다. 그런데 잘 굴러가던 일상의 바퀴에 '무의미'의 작은 막대기가 하나 끼면 덜그럭거리거나 멈춰 서게 된다. 혼자 걷는 중에, 운전하고 집에 돌아오는 길에, 때로는 특별한 이유 없이 허무의 바람이 불 때가 있었다.

'이게 사는 건가? 아, 집으로 돌아가고 싶다. 본향이 그리워요, 주님!'

하지만 웬만하면 일상은 다시 굴러간다. 나를 잠시 멈춰 서게 했던 무의미의 막대기는 굴러가는 바퀴의 힘에 휙 날아가고 만다. 일상의 바퀴는 웬만하면 굴러가는 관성이 있다.

사랑하는 사람이 떠난 자리, 텅 빈 공허 속으로 무의미의 강물이 들이치는 것은 조금 다르다. 이게 사는 건가? 하는 질문에 의미가 찾아지지 않아도 관성을 따라 그럭저럭 흐르던 일상을 거스르는 강한 물살이 밀려오는 것이다. 허무의 강물이 왈칵 밀려와 내 몸 하나 부지할 수 없을 때, 그간 붙들고 막아 내고 견뎌 내던 것들이 마구 떠오른다. 무의미라는 실존의 압력을 견디며 몸으로 누르고 있던 것들이 무력하게 떠오른다. 어찌어찌 견뎠던 것들이 더는 참아지지 않는다. 꽉 쥔 손에 힘이 빠지면서 하염없이 위로 위로 떠오른다.

그렇게 떠오른 것들을 뜰채로 건져 내 싹 갖다 버리고 나면 내가 정말 원하는 것들만 남을지 모른다. 그러니까 몇 년을 두고 '그만둬야 하는데, 이러다 몸이 망가질 텐데' 하다가도 '그래도 벌 수 있을 때 벌어야지' 하며 내가 나를 설득해 일을 지속하고 있었다는 것을 깨닫게 된 것이다. 더는 나를 설득할 수 없게 되었다. 버티기 위해 온갖 좋은 이유를 갖다 댔지만 실은 나를 착취하고 있는 것이었고, 그것을 포장하기 위해 애쓸수록 자기 연민에 빠지고, 남모르는 분노를 독처럼 몸에 쌓게 된 것이다.

그러니 가끔 만나는 무의미의 강, 허무의 강은 나를 나답게 하는 기회인지 모른다. 그러고 보니 생각나는 것이 있다. 남편은 결혼 후 한참 만에 신학교에 들어갔다. 평생 꿈꾸던 소명에 마침내 따르는 일이었다. 신학교를 마치고는 3년 정도 전

임 목회를 하면서 인생에서 가장 행복한 시간, 아이러니하게도 인생에서 가장 비참한 시간을 보냈다. 평생 꿈꾸던 삶, 목회라는 이름으로 청년들과 함께 울고 웃는 것이 행복했지만 그것은 목회자 삶의 작은 부분임을 알게 되었다. 그럼에도 평생 꿈꾸던 '행복'에 방점을 찍고 많은 부조리한 것들을 견뎌 내었다. 그러다 아버님 돌아가시고 전격 사임을 결정했다. 젊은 날부터 다니며 교회의 희망을 보았던 곳이고, 나와 남편이 만나 사랑하고 결혼했던 곳이다. 그런 곳을 떠나겠다고 결단했다. 그건 단지 한 교회를 사임하는 것이 아니라 목회 자체를 접겠다는 선택이었다. 목회자의 삶이 이런 것이라면 그만두겠다는 생각이었다. 아버님이 떠나시고 남편 가슴에 밀려오는 허무의 강이 이끈 길이었을 것이다. 물론 그 이후 극적인 사건들이 있었고 결국 지금까지 목회를 지속하고 있다. 신중하기 이를 데 없는 남편 인생에 길이 남을 선택이다. 선택의 옳고 그름을 말하는 것은 아니다.

   엄마 아빠로서 책임을 다하기 위해서, 좋은 그리스도인이 되기 위해서, 성숙한 사람이어야 하니까… 우리는 애쓰며 살고 있다. 많은 것들이 버겁지만 다 의미가 있으니까 견딘다. 불편한 관계를 웃으며 유지하고, 지속적으로 상처 주는 사람을 내치지 못하고 둔다. 내 몸이 다 부서져도 가족을 위하고 주변 사람들을 위해 이를 악물고 견딘다. 다 의미가 있으니까. 단, 가끔 허무의 강이 들이닥칠 필요가 있다. 그 모든 '의미'들이 정말 가치 있는 것인지 무게를 달아 보는 기회가 되기 때문이다. 물론 회피하지 않는 것이 먼저다. 이는 그 강물을 온몸으로 맞는 사람에게만 주어지는 기회일 것이다. 공허와 허무에 오롯이 머물러야 한다.

엄마가 떠나고 시간이 지날수록 확인되는 것은 빈자리다. 무엇으로도 채울 수 없는 공간이다. 이 코로나 사태가 더욱 그 공간에 머무르게 한다. 일로 도피할 수도, 사람을 만날 수도, 마음 편히 여행을 떠날 수도 없다. 그저 여기 머물러야 한다. 머무르다 보니 많은 것들이 의미의 무게를 드러내기 시작한다. 조금 충동적인 결정이긴 했지만, 감수해야 할 것이 있지만, 남아 있던 마지막 음악수업을 접은 것은 잘한 일인 것 같다. 속이 후련하다. 사랑하는 엄마의 죽음이 남긴 실존적 물음 앞에서 얻은 소중한 답이다.

그러고 보면 50대 중년, 그때 맞는 부모의 죽음이란 기가 막힌 인생 타이밍이다. 하나님의 작품일 것이다. 사랑하는 부모님의 죽음이 허무의 강물로 밀려온다. 우리는 삶을 묻는다. 삶의 의미를 묻는다. 중년은 원래 그런 질문을 하는 시기다.

"내가 뭐하고 산 거지? 그렇게 애써서 키우고 가르쳐 놨더니 이 자식들이 저 혼자 큰 줄 아네. 내 인생은 뭐야?" 자녀들이 품을 떠나 빈 둥지 증후군으로 방황하는 시기다.

카를 융^{Carl Gustav Jung}을 비롯한 심리학자와 영성가들이 중년의 위기는 영적인 기회라고 말하는 이유가 있다. "내가 뭐하고 산 거야?"라고 묻는 그 시기에 만나는 사랑하는 이의 죽음은 "너 앞으로 어떤 의미를 건지며 살래?"라는 영적 초대장을 받는 것이다. "인생은 원래 그렇게 허무한 것이었어. 이제껏 소중하게 여겨 온 것들을 허무의 강에 한번 띄워 봐. 위에 떠오르는 가벼운 것들은 죄 건져서 던져 버려. 영원한 것만 붙들고 사는 것 어때?" 이런 초대가 아닐까. 상실과 트라우마를 겪은 이들의 회복과 치유란 그 경험 이전으로 돌아가는 것이 아니다. 그 경험으로 인한 깊은 상실감 자체는 사라지지 않는다. 회복과 치유란 다름 아닌 그 경험을 안고 '어떤 새로운 자리로 가서 사느냐'다.

충분히 준비되었다고 자부했지만, 막상 엄마가 떠난 시간은 예상과 다르다. 달라도 너무 다르다. 그냥 살아지는 것이 아니다. 내내 이렇게 전과는 다른 삶을 살게 될 것이다. 씻겨지지 않는 그리움을 안고 살아야 하겠지. 그저 그렇게 무의미한 슬픔을 안고 살고 싶지는 않다. 엄마 잃은 빈자리에 자주

생의 의미를 달아 볼 수 있으면 좋겠다. 그리하여 영원한 것이 아니라면, 가볍게 버려질 것이라면 기꺼이 내던져 버릴 용기를 낼 수 있으면 좋겠다. 시작은 좋다. 이제 그 무거운 키보드와 악기들을 처분하는 일만 남았다.

영예로운 퇴장, 6남매의 엄마

이제는, 이제야 엄마의 장례식 얘기를 할 수 있을 것 같다.

애도 일기를 시작한 이유는 엄마의 영예로운 장례식 얘기를 잘하고 싶어서였다. 아버지 돌아가신 이후 평생 마음으로 엄마의 장례식을 준비해 왔다지만 정작 준비된 것은 없었다. 죽음은 또다시 예고 없는 재난으로 밀어닥쳤다. 겪어 본 적 없는 코로나19 사태 속에서 정신 차리고 준비할 수 있는 것은 더더욱 없었다. 엄마의 상황이 안 좋아지고 있을 때, 장례식을 고민하며 빈소를 차리지 않는 가족장으로 결정한 것은 단지 코로나 때문만은 아니었다. 코로나를 코로나로 부르느냐, 우한 폐렴으로 부르느냐는 가족 안에서도 입장이 달랐고 그 차이가 갈등이 되지 않기 위한 최선의 선택이었다. 그렇게 결정을 해 놓고도 설마 그리 빨리, 코로나도 끝나기 전에 돌아가실 줄은 몰랐다.

발인예배만 드리기로 했다. 가족끼리 드리되 교우들과 친척들 중 정말 아쉬운 분들께는 열어 두기로 했다. "오늘이 무슨 요일이냐?" 물으며 오직 주일 열한 시 예배를 기준으로 지남력을 유지했던 엄마. 그런 엄마의 뜻을 받들자면 함께 예배했고 엄마를 사랑했던 교우들이 구름 떼같이 몰려오셨으면 좋았을 텐데, 목사님 두 분과 교인 서너 분만 초대하고 예배를 부탁드렸다. 입관식 후 바로 발인예배를 드리고 화장장으로 가기로 했다.

새벽 여섯 시, 엄마를 안치하고 그날 하루를 '이게 무슨 일이지? 무슨 일이 일어난 거지?' 멍하니 지냈다. 집에 돌아와 밤에 앉았는데, 이대로 엄마를 보내다니…. 나도 모르게 말이 툭 나왔다. "나 내일 발인예배에서 특송 부를래. 떠나서 다다른 사랑, 그거 부를게. 채윤아, MR 준비해 줘." 남편과 채윤이가 동시에 말린다. "부를 수 있겠어?"란다. 실은 나도 부를 수 있을 것 같아서 한 말이 아니었다. 뭐라도 하고 싶었을 뿐. 한 소절도 못 부를 거라며 가족들이 만류하는데 어쩐지 오기가 생겼다. "나 불러 볼게, 안 울고 불러 볼게. 나한테 힘을 줘."

입관식과 발인예배에 사촌 언니 오빠들이 거의 오셨다. 엄마의 특별한 동생 삼촌과 막내 이모까지 오셨다. 특송 부르기 전 엄마의 마지막 시간을 말씀드렸다. 끝까지 명료했던 의식, 엄마가 마지막까지 외우고 붙들고 있었던 시편 23편 말씀, 특히 동생 전화기를 통해 엄마와 내가 함께 찬송 부를 수 있었던 시간에 대해 얘기했다. 말을 하다 보니, 하고 보니, 그 시간이 얼마나 소중했는지 새삼 알았다. 임종을 지키지 못했고, 마지막까지 격리된 채 외롭게 엄마를 보내 드린 것이 아쉽고 아쉽지만, 전화기 붙들고 함께 찬송 부른 시간이 선물이었구나! 돌아보니 그러했다. 엄마 귀에 잘 들리게 노래를 크게 불러야겠고, 노래와 함께 울음소리도 커져 통곡이 되니 식구들 걱정 끼칠까 걱정되어, 최대한 구석을 찾아 쪼그리고 앉아 부르던 찬송들이 엄마와 동생과 나의 마지막 시간을 연결시켰구나! 그 순간은 내장이 끊어지도록 아프고 안타깝기만 했는데, 우리는 그렇게 절절하게 연결되었었다.

엄마를 사랑하고 존경하는 사람들 앞에서 바로 그 얘길 할 수 있어서 얼마나 다행이었는지 모른다. 그런 다음 엄마가 부르는 찬송 소리가 예배당 공간에 울려 퍼졌다. "예에수 사랑허심은…날 사랑허심 승경이 쓰셨네." 엄마의 노래를 받아서 내가 부르기 시작했다. 내가 가사를 쓰고 남편이 곡을 붙인 노래다. "예수 사랑 그 사랑 나는 엄마에게 배웠네." 힘을 내서 존재를 부풀리고 섰다. 나는 어른이다, 나는 어린아이가 아니다. 나는 열세 살 어린애가 아니야. 울지 않고, 흔들리지 않고 끝까지 불렀다. 내 노래가 끝나자 바로 엄마 육성의 시편 23편이 이어졌다.

예배 마치고, 뒤쪽에 앉아 내내 오열하던 동생이 나와서 마이크를 잡았다. 조금 전까지의 울음소리와 달리 환하고 편안한 표정이라 안심이 되었다. 특유의 유머 감각으로 엄마 얘길 하며 몇 번 웃음을 유발하더니 생각지 못한 얘길 꺼냈다.

"오늘 목사님 말씀을 듣고 혼란스러운 분들이 계실 겁니다. 목사님께서 아까 저희 형제를 6남매라고 기도하셨습니다. 어, 남매 아닌가? 목사님이 잘못 아셨나? 하셨겠죠. 그 말씀 드리겠습니다."

6남매의 진실을 더듬어 가는 것은 그대로 엄마의 신산한 삶이었다.

열아홉에 결혼한 엄마는 아들 둘을 낳자마자 남편을 잃었다. 친정살이를 하며 홀로 두 아들을 키웠다. 두 아들이 장성하여 대학을 졸업한 이후, 엄마가 다니던 교회로 부임한 우리 아버지를 만났다. 아버지는 북에서 월남한 홀아비 목사였다. 엄마는 그렇게 아주 늦은 나이에 아버지를 만나 동생과 나를 낳았다. 여기까지 4남매다. 그리고 엄마와 아버지가 각각 수양아들, 수양딸을 삼아 키운 오빠와 언니가 있다. 그래서 모두 6남매다.

어릴 적부터 가족 소개를 할 때 남매라고 해야 할지, 뭐라 해야 할지 늘 곤란했다. 어, 오빠들과 왜 성이 다 다르지? 했던 기억이 있다. 이런 가족사가 어린 내게는 부끄러움이었고, 어른이 되어서는 부끄러움보다는 복잡한 책임감이 앞섰던 것도 같다. 마이크 잡은 동생이 엄마의 인생을 6남매 키워드로 풀면서 모두 인사를 시켰다. 그 순간에도 그러했지만, 다시 생각해도 자랑스럽고 뿌듯한 일이다.

짧은 장례식 중에도 정리되지 않는 혼란과 곤란이 있었다. 입관식 중에 "장남, 상주 나오세요" 하면 모두 큰오빠를 보고, 큰오빠는 동생에게 손짓을 하고. 우리에겐 익숙한 상황이라 순간순간 넘길 수 있는 정도이긴 했다. 그럼에도 동생의 소개와 인사로 모든 것이 당당해졌다. 엄마를 자주 찾아뵙지 못하여 죄송함으로 몸을 움츠리는 언니와 오빠들까지 한 형제자매로 환대하는 시간이 되었다. 영정 속 엄마의 어정쩡한 표정이 '웃는 얼굴'처럼 보였다.

엄마 장례식을 상상할 때 이 생각을 하지 않았던 것이 아니다. 장례식 안내 모니터에 형제들 이름이 뜰 때 어떨까? 내 지인들 중엔 '남매'로만 아는 사람도 있는데. 자녀들의 성姓은

각각 다 명기해야 할까? 큰 걱정은 아니었으나 소소한 곤란함이었다. 생각해 보면 엄마에게는 더 큰 마음의 짐이었을 것이다. 평생 품고 산 곤란한 사랑이었을 것이다. 돌아가시기 전 몇 년 동안 엄마는 당신의 인생을 복기하고 또 복기하는 것 같았다. 어릴 적에 내가 아팠던 얘기, 아버지 돌아가시고 막막했던 얘기…. 물론 결론은 늘 기도로 고난을 이겨 냈다는 것이었다. 같은 얘기를 하고 또 하는 게 귀찮아 나는 듣는 둥 마는 둥 했지만, 인생의 마지막 시간을 정리하던 엄마에겐 얼마나 중요한 일이었겠는가. 어느 날 단둘이 있을 때 엄마가 그랬다. "내가 두 아들한티 너머 미안허다. 그때는 젊고 은혜도 받기 전이고 너머 많이 때리고 쌀쌀맞게 키웠어. 어트케 그렇게 모질게 키웠을꼬…." 그래서 자꾸 눈물이 나온다고 했다. 남매, 4남매, 6남매 엄마로서의 인생은 어떤 것일까. 가늠이 되지 않는다.

엄마도 혼자 걱정했을지 모르겠다. 매끈하지 못할 남매, 4남매, 6남매 엄마인 당신 장례식을. 한데 동생의 따뜻한 소개와 인사로 우리 모두 당당해졌다. 엄마가 남긴 우리가 모두 당당해지며 누구보다 엄마가 영예로워졌다. 나는 그렇게 느꼈다. 엄마, 엄마 인생에 부끄러움이란 없어!

아버지 장례식을 떠올리지 않을 수 없다. 장례식장 어느 구석에서 찔찔 울던 남매, 누구 하나 따뜻하게 돌봐 주는 어른이 없었다. 다들 조용히 "아이고 불쌍해라" 혀를 끌끌 찼겠지. 그랬던 남매가 어른이 되어 엄마 장례식의 주체가 되었고, 형식적인 상주 그 이상의 역할을 했다. 안팎으로 어려운 상황에서 순간순간 화평을 이루는 선택을 했다. 무엇보다 엄마를 영예롭게 보내 드렸다. 장례식에 참석한 분들이 감동적인 후기를 전해 온다. "인생을 돌아보게 되었다, 잘 사는 것에 대해 생각했다, 생애 가장 감동적인 장례식이었다." 나의 지인들에겐 그 누구에게도 보여 주지 못해서, 우리 엄마의 영예로운 장례식을 자랑할 수 없어서 안타깝다.

6남매의 엄마, 4남매의 엄마, 남매의 엄마, 내 엄마.
내 엄마의 떠나는 길이 아름다웠다. 엄마가 살아온 날들의 열매이며 보상이다.

몸이 슬프다고 말할 때

엄마 돌아가시고 50여 일 지난 날이었다. G 권사님의 아버님께서 소천하셨단 소식이 들렸다. 아, 어쩌나! 권사님은 어머님 보내 드린 지도 얼마 되지 않았는데…. 권사님께서 어머님을 보내 드린 후 한참 힘드셨단 얘길 전해 들었다. 한 번도 제대로 위로의 마음을 건네지 못했었다. 그런데 엄마를 잃고 나니 권사님이 힘드셨단 얘기가 비로소 몸으로 알아들어졌다. 딸이 아무리 나이를 먹어도, 엄마가 아무리 오래 살아도, 아무리 많은 죽음으로 연습한다 해도 엄마를 잃는 것은 새로운 슬픔이구나! 엄마 장례 후 권사님께서 건네는 메시지 하나도 더 깊은 곳을 건드리며 다가왔었다. 부모님에 대한 사랑과 존경이 남다른 분인데, 아버님마저 보내셨구나! 싶으니 속에서 쿵, 하고 무엇인가가 무너져 내렸다.

멀리 남해에 차려진 장례식에 내려갈 준비를 하는 차에

날아든 또 다른 비보, N 집사님의 어머님이 소천하셨다는 소식이다. 쿵! 쿵쿵! N 집사님은 G 권사님의 남편이시다. 그러니까 권사님의 시어머님 또한 같은 날 돌아가셨다는 것이다. 그러니까 부부가 함께, 같은 날에 아버지와 어머니를 잃었다는 소식이다. 죽음이 이렇게 덮칠 수 있다고? 공포가 밀려왔다. 아내의 죽음 후에 쓴 애도 일기, 『헤아려 본 슬픔』에서 C. S. 루이스Lewis가 말했다. "슬픔이 마치 두려움과도 같은 느낌이라고 아무도 내게 말해 주지 않았다." 엄마 애도는 진행 중이었고, 나는 아직 죽음의 강에 휩쓸려 내려갈 것 같은 두려움에서 헤어나지 못하고 있었다. 그렇다. 슬픔은 때때로 공포다. 아니 그렇게 말할 수는 없다. 역시 루이스의 표현처럼, "무섭지는 않으나, 무서울 때와 흡사한 느낌, 속이 울렁거리고 안절부절못하며 입이 벌어지는" 그런 상태다.

남해와 보은, 두 곳에 들러 조문하는 일정으로 교우들과 하루를 함께했다. 기가 막힌 일이다. 큰 슬픔 중에 가장 힘이 되어 줄 남편 없이, 아내 없이 각각 장례식을 치른다는 것이. 줄줄 흐르는 권사님의 눈물은 마스크 안으로 흘러 모여 저수지가 될 것 같았다. 새벽부터 하루 종일 기나긴 시간을 버스에서 보냈다. 자다 깨다 하며, 정신줄을 놓았다 잡았다 하며 시간이 흐른 것 같다.

보은에서 조문을 마치고 저녁식사를 했다. 차에 오르는 순간 이제 끝났구나, 두어 시간이면 집에 가 편히 누울 수 있겠지 싶어 안도했다. 그런데 버스가 출발하자마자 속이 울렁거리고 배가 뒤틀리기 시작했다. 식은땀이 났다. 휴게소에 들르지 않고 논스톱으로 달리겠다고 출발한 버스인데… 어쩌지, 어쩌지 싶으니 몸은 더욱 어쩔 줄 모르게 되었다. 위로 아래로 분출할 것 같은 무엇들. 다행히도 집사님 한 분이 화장실이 급하여 첫 휴게소에서 버스를 세우셨다. 나도 달려서 내려 낮에 남해에서 먹은 것까지 토해 냈다.

울렁거림은 진정은 되었지만 몸이 나아진 것은 아니었다. 다시 출발한 버스에 길게 누워 스스로 안정, 절대 안정을 진단했다. 몸 안에서는 조그만 자극에도 다시 분출하겠다는 것들이 꿈틀거렸다. 비상용으로 비닐봉지를 앞에 두고, 식은땀 흐르는 몸으로 가만히 숨만 쉬며 누워 있었다. 음악의 힘을 빌려 안정을 찾기 위해 이완시키는 음악을 틀었다. 이어폰으로 음악이 들리는 순간, 눈물이 나기 시작했다. 하염없이 눈물이 났다. 눈에서는 눈물이, 온몸에선 식은땀이 흘러내렸다. 캄캄한 창에 엄마 얼굴이 어른거린다. 엄마가 보고 싶은 거였구나. 엄마, 엄마…. 속으로 엄마를 불러 보는데, 엄마가 아니다. 속에서 울리는 소리는 "예원아, 예원아, 예원이 어딨니…."

몸과 마음이 하나 되어 뒤틀렸다. 뒤틀리는 몸과 마음을 안전벨트에 꽉 묶어 두고 소리 없이 눈물과 식은땀을 흘렸다. 예원이.

바로 일주일 전, 예원이 장례식이었다. 젊고 튼튼한 몸, 빛나는 지성을 가진 청년이었다. "사모님, 어머님 소천하신 소식 뒤늦게 접했어요. 얼마나 상심이 크셔요. 그 마음 다 헤아릴 수 없지만 위로를 전해요"라고 불과 한 달 전, 살아 있는 메시지를 보내왔던 예원이다. 코로나가 조금 진정되면 서울로 올라와 치료와 상담에 집중하겠다고, 청년부 공동체가 그립다고, 그리운 예배당에서 다시 예배 드릴 날만 고대한다고 했었다. 내 마음이 조금 추슬러진 후에 예원일 보러 내려가려 했다. 그러나 다시 연결되어 돌볼 기회를 주지 않고, 예고 없이 세상을 등지고 말았다.

그 소식을 듣던 밤, 나야말로 더는 내 생을 지탱할 수 없을 것 같았다. 내가 막을 수도 있었다는, 막았어야 했다는 생각에 나를 용서할 수 없었다. 평생 용서할 수 없을 것 같았다. 예원이 죽음과 내 죽음을 오가는 공포의 밤을 보내고 새벽을 달려 예원이에게 갔다. 한 달 전 엄마를 보내던 날처럼 짧은 이별 예배 후, 화장장을 거쳐 한 줌의 재로 마주한 예원이 몸을 안치하고 돌아왔다. 그날 그 시간 이후 집안에서 그 누구도 예원이를 말하지 않았다. 그 이름은 암묵적 금기어가 되었고, 마치 없었던 일처럼 지냈다. 그렇게 살아지는 듯했다.

하지만 남해에서 보은까지 온종일 죽음을 마주했던 몸이 요동치며 진실을 외쳤다. 슬프고 슬프다고, 예원이의 그 빛나는 생명이 아깝고 두렵고 화가 난다고 몸이 말했다. 식은땀으로, 토악질로 소리쳤다. 존재를 뒤틀어 버렸다.

엄마 애도의 진행 상황을 보고하는 몸의 신호가 하나 있다. 장례식 날 하루 종일 축축한 마스크를 끼고 있었다. 아침 입관식에서 이미 젖었는데, 하루 종일 그 상태로 다녔다. 그날 이후로 마스크가 닿았던 입 주위가 시도 때도 없이 실룩거린다. 마그네슘이 부족하면 눈 떨림 현상이 온다는데 그 비슷한 증상일 것이다. 아무 때나 왼쪽 입술 위가 떨렸다. 마치 어릴 적에 울음을 참으려 할 때마다 입이 삐죽거려지고 입술이 떨렸던 것처럼. 수시로 실룩거리는 입술 때문에 대화 중에 민망한 순간이 자꾸 생겼다. 다행스럽게도 시간이 지나며 조금씩 나아졌다. 슬픔에서 빠져나오는 진도와 비슷하다고 느껴졌다. 횟수도, 강도도 눈에 띄게 줄었었다. 그런데 예원이 보내고 거짓말처럼 다시 입술이 실룩거리기 시작했다. 생각하지 않기로 작정하고 최대한 '부정'하기로 마음먹었지만, 몸은 속아

주지 않았다. 버스에 누워 몸에게 슬퍼할 것을 허락했다.

충분히 슬퍼할 여유 공간이 필요하다. 잃어버린 엄마, 예원이를 살려 낼 수는 없지만 그렇다고 그대로 살아서는 안 된다. 잊어라, 생각하지 마라 해서 될 일이 아니다. 우리는 약한 것, 예측할 수 없는 것, 감정과 특히 슬픔을 회피하는 문화에 둘러싸여 있다. 슬픔을 회피하는 문화는 슬퍼하는 사람을 그대로 봐주지도 않는다. 그만해라, 언제까지 그 얘기냐. 그만하라는 주위의 압력에 못 이겨 감정은 억압되고 만다. 하지만 가장 정직한 나, 곧이곧대로 보여 주는 몸이 말한다. 아직 슬퍼, 나 아직 슬프다니까.

애도 심리에 관한 많은 연구들이 말한다. 애도에 대한 반응은 명백하게 신체적으로 온다고. 우는 것만 아니라 훌쩍거림, 가슴의 압박감, 딸꾹질, 헐떡거림, 한숨 쉬기, 목이 조이는 것 같은 호흡 곤란, 먹을 수 없음, 식욕부진, 목에 음식이 걸린 것 같은 느낌, 위와 신장의 잦은 탈, 육체적인 탈진 또는 흥분 등이다.°

이 명백한 반응은 가장 정직한 반응이기도 하다. 몸이

° 데이비드 스위처, 『모든 상실에 대한 치유, 애도』(학지사, 2011).

가장 정직하다. 그런 의미로, '애도'의 개념을 정립한 죽음과 애도의 어머니 엘리자베스 퀴블러 로스는 말한다. "몸이 요구하는 대로 다 들어 주라"고. 이제는 다 잊었고 정리되었다고 머리가 말할 때도 몸은 다른 말을 한다는 것이다. 인간의 몸은 감정을 기억하고 있기 때문이다. 고아원에 있는 아이들이 공교롭게도 특정한 날에 이유 없이 아프고 기분의 저하를 보이는데, 그날은 고아원에 보내진 날이나 부모가 돌아가신 날과 같은 시기라는 것이다. "소름끼치는 점은 아직 달력을 읽기에는 너무 어린 아이들"에게도 이런 현상이 일어난다는 것이다.°

아동 문학가 매들린 렝글Madeleine L'Engle은 C. S. 루이스의 애도 일기 『헤아려 본 슬픔』을 읽음으로써, 사람마다 겪는 슬픔이 독특하다는 것을 알게 되었다고 했다. 그 자신도 남편을 잃은 슬픔 속에서 그 책을 읽은 것이다. 사람사람이 겪는 슬픔이 다른 것처럼 신체 증상 또한 그러할 것이다. 내게는 새벽마다 가슴이 서늘해지는 증상과 입술 떨림이었다. 엄마 장례 후 처음으로 친구들과 1박 여행을 한 날에는 식사하는 자

° 엘리자베스 퀴블러 로스·데이비드 케슬러, 『상실 수업』(인빅투스, 2014), p. 171.

리에서 우지끈 이가 부러졌다. 늘 여행 가면 마지막까지 쌩쌩했던 내가 그날은 가장 먼저 피곤해 꼬꾸라졌다. 내가 이사로 참여하고 있는 단체에 모임이 있어서 나간, 장례 후 첫 공식 모임에서는 혈압이 떨어져 시야가 흐려지고 두통이 오고 기운이 빠져나가 그 자리에서 빠져나와야 했다. 머리가 괜찮다고 오케이 사인을 해서 움직인 날에 몸이 아니라고 말하곤 했다. 몸이 말하는 슬픔에 귀 기울이지 않았었다. "오늘따라 왜 이래?" 하고 지나치기 일쑤였다. 유난 떠는 것처럼 비칠까 봐, 약한 모습 보이는 것이 싫어서 그랬다.

이젠 잠도 잘 자고, 컨디션도 좋은 편이다. 그런가 싶더니 요 며칠 다시 서늘한 가슴으로 이른 새벽에 눈을 뜬다. 입술 위 근육은 요즘도 간간이 실룩거리며 울음 참는 모양새를 한다. 당황하지 않는다. 서서히 빠져나오고는 있지만, 슬픔의 강에서 온전히 벗어날 수는 없을 것이다. 자크 데리다$^{Jacques\ Derrida}$의 말처럼 애도는 "끝이 없는 것, 위로할 수 없는 것, 화해할 수 없는 것"이다. 진정한 애도는 결코 완성될 수 없다. 애도의 원인인 상실, 죽은 엄마가 돌아올 수 없기 때문이다.

언젠가 입술 떨림이 온전히 사라질 수도 있다. 그러다 10년, 20년쯤 후에 다시 입술 위가 실룩거린다 해도 당황하지 않을 것이다. 아, 그렇지. 내가 사랑하던 엄마가 없어, 하고 몸이 일깨우는 그리움과 슬픔을 그대로 마주할 것이다. 그렇게 가늘게 애도의 끈이 이어지다, 이어지고 이어지다, 저 하늘에서 엄마를 다시 만나는 날에, 그날에 끝이 나겠지.

찔레꽃, 그리움의 노래들

내 무의식에는 노래 주머니가 있다. 온갖 노래가 다 들어 있고, 스치듯 지나는 자극에 툭툭 튀어나온다. 아이들 어릴 적엔 함께하는 일상이 노래였다. 길 가다 민들레를 보면 바로 재생 버튼이 눌렸다. "길가에 민들레도 노랑 저고리, 18개월 우리 채윤이 노랑 저고리, 민들레야 방실방실 웃어 보아라, 우리 채윤이 방실방실 웃어 보아라." 놀이터 시소에 앉으면 "시소 시소 올라가면 푸른 하늘, 내려오면 꽃동산 재미나는 시소."

언제 어디서든 노래가 튀어나왔다. 단어 하나, 스치는 장면 하나가 노래를 불러낸다. 직접 자극이 아니어도 마음의 움직임에 따라 찬송가도, 가요도, 팝송도, 가곡도 장르 불문으로 흘러나온다. 지금은 기능이 저하되긴 했지만 거의 모든 찬송가의 가사를 4절까지 외울 수 있고, 다른 장르의 노래 가사 암기력도 이에 준한다. 음악치료사가 되지 않을 방법이 없는 운명이다.

남편과 양평 치유의 숲을 걸었다. 야생의 산길이었다. 숲은 곳곳이 노래 재생 버튼이 숨겨진 곳이다. 한참 걷다가 내려가려고 방향을 돌려 나오는데, 갑자기 바짓가랑이를 붙잡는 흰색 꽃 한 무더기가 있었다. 찔레꽃이다.

교회 사택에 살던 어릴 적, 우리 집 마당에는 꽃밭이 있었다. 장미, 나리꽃, 붓꽃, 작약, 백일홍, 샐비어, 달리아, 맨드라미, 봉숭아, 채송화… 많은 꽃들이 피고 지고 했다. 가장 안쪽에 담을 향해 기울어져 서 있는 가장 큰 꽃나무가 찔레꽃이었다. 아침이면 아버지가 수도에 호스를 꽂아 꽃밭에 물을 주었다. 그 기억 때문인지 어쩐지 그 꽃밭은 아버지 것 같았다. 한데 유일하게 찔레꽃은 엄마 소유로 기억이 된다. 나무가 커서 꽃을 많이 피웠는데, 꽃이 만개하면 엄마가 가시 많은 그 찔레꽃을 꺾어 교회 강대상 옆에 꽂아 놓곤 했다. 손재주가 없는 엄마가, 어떻게 어떻게 화병에 꽂아 놓은 품새가 예쁘게 보이지 않았다. 꽃꽂이와 엄마는 도대체 어울리는 조합도 아니다. 그래서 더 기억이 나는지 모르겠지만 내게 찔레꽃은 엄마다.

찔레꽃 (이연실 사/박태준 곡)

엄마 일 가는 길에 하얀 찔레꽃
찔레꽃 하얀 잎은 맛도 좋지
배고픈 날 가만히 따먹었다오.
엄마 엄마 부르며 따먹었다오.

재생 버튼이 눌렸다. 실은 엄마 돌아가시고 내내 배 속에서 울리고 있는 노래다. 아니다. 입원 후 엄마로부터 격리된(그렇다, 이제 생각하면 엄마가 병원에 격리된 것이 아니라 내가 엄마에게서 격리된 것이었다) 그때부터였다. "엄마 엄마 부르며 따먹었다오"는 자나 깨나 그리움의 배경음악으로 깔려 있었다. 엄마 장례식 후 이 노래를 부른 모든 가수를 검색해서 들었다. 같은 멜로디의 "가을밤"이 내겐 더 익숙한 노래다. 어릴 적부터 좋아했다. 잠시 아이들에게 동요를 가르친 적이 있었는데, 그때마다 빼놓지 않고 부르던 노래이기도 하다.

가을밤 (이태선 사/박태준 곡)

가을밤 외로운 밤 벌레 우는 밤

초가집 뒷산 길 어두워질 때
엄마 품이 그리워 눈물 나오면
마루 끝에 나와 앉아 별만 셉니다.

가을밤 고요한 밤 잠 안 오는 밤
기러기 울음소리 높고 낮을 때
엄마 품이 그리워 눈물 나오면
마루 끝에 나와 앉아 별만 셉니다.

어린 마음에도 이런 가사가 절절하게 와닿았었다. 나는 분리불안이 있어서 엄마가 떼놓고 어디 가질 못했었다. 장날 장 보러 가는 엄마를 따라가겠다고 울고, 엄마는 오지 말라고 쫓고, 울며 따라가다 또 혼나고, 그랬던 기억이 있다. 엄마가 늘 그리웠다. 사실 난 엄마보다 아버지를 좋아했다고 기억하고 있는데, 어릴 적에도 그리 생각했었는데, 엄마 몸이 내게서 멀어지는 것을 견디지 못했다. 그랬었다. 그러니 초등 저학년 때부터 "엄마 품이 그리워 눈물 나오면 마루 끝에 나와 앉아 별만" 세는 마음에 백번 공감했다.

내가 어릴 적부터 좋아하던 노래들이 꼭 다 저랬다. 초등학교 때는 매년 학교 대항 예술제가 열렸다. 노래, 무용 등 여러 분야가 있었다. 학교 대표로 군 교육청 대회에 나가 입상을 하면 도 교육청 대회에 나가고, 거기서도 입상하면 예술제 무대에 서는 식이었다. 나는 3학년 때부터 학교 대표로 독창 부문에 출전하곤 했다. 지정곡 한 곡, 자유곡 한 곡을 불러야 했는데 5학년 때 자유곡이 "은행잎"이다. 그때 독창 지도하시던 선생님 말씀이 잊히지 않고 남아 있다. 대회 준비를 하며 자유곡을 고르느라 이 곡 저 곡을 부르다 이 노래 "은행잎"을 불렀더니 그러셨다. "야, 너는 참 애가 무슨… 이런 노래를 이런 감성으로 부르냐. 너 참 감수성이…." 그때 감수성이란 말을 처음 배웠다.

은행잎 (황금찬 시/장수철 곡)

가을바람 솔솔솔 불어오더니
은행잎은 한 잎 두 잎 물들어져요.
지난봄에 언니가 서울 가시며
은행잎이 물들면은 오신다더니.

어쩐지 이런 노래들이 좋고 잘 불러졌다. 부재, 상실, 그리움이 담긴 가사들이 어린 마음에도 쏙쏙 들어왔다. "은행잎"

을 불러 입상을 하고 6학년이 되었다. 다시 예술제를 준비할 때가 되었을 때는 아예 선생님이 내 노래로 한 곡을 정해서 가져오셨다. "아빠 생각"이었다. 잘 불렀고, 입상을 하고 다시 예술제 무대에 섰다. 그리고 다음 해에 아버지가 돌아가셨다.

자유곡 선정을 잘못해서, 내가 이 노래를 너무 좋아해서 아버지가 돌아가신 건 아닐까 생각한 적이 있다. 가끔은 시차의 기억에 오류가 나기도 했다. '아버지 돌아가신 일이 먼저고, 그 때문에 이 노래를 선택했던 거지!' 6학년 대회 이후, 그 다음 해 아버지 돌아가신 후로 이 노래 역시 늘 내 마음에 깔린 BGM이었다. 가슴이 아프다. 아버지가 다시 그리워 아프다. 가슴이 쓰리다. 이 노래를 부르고 또 부르며 울었던 어린 날의 내가 가엾어 가슴이 쓰리다.

아빠 생각 (김숙경 사/곡)

봄이 오니 제비도 돌아왔건만
멀리 떠난 우리 아빠 언제나 오시나
기적소리가 울릴 때면 설레이는 이 마음
아아 우리 아빠 보고픈 우리 아빠.

찔레꽃, 그리움의 노래들

내가 사랑하던 모든 노래가 이렇듯 운명을 끌고 온 것일까. 어쩌자고 나는 어릴 적부터 사무치는 그리움에 사로잡혔던 것일까.

엄마 떠난 지 70여 일이 지났다. 엄마가 보고 싶다. 보고 싶다, 엄마가. 결국 나는 이렇게 엄마의 죽음을 받아들이고 말았구나. 엄마가 보고 싶다. 양평 숲에서 본 그 찔레꽃을 한 잎 따먹고 올 걸 그랬나. 꽃잎에서 엄마의 맛이 났을까. 엄마, 이렇게 말고 "엄마 엄마" 꼭 두 번을 부르고 싶다. 늘 마음에 울리는 저 노래 탓인가 보다. "엄마 엄마" 불러도, "엄마 엄마" 두 번을 다시 불러 네 번을 불러도 "와이야~" 하는 답이 없다. 엄마 엄마, 부를 때마다 휭하게 부는 찬바람에 마음만 아득해질 뿐이다.

음식, 마음의 위로

단 하루의 장례식. 짧고도 긴 장례식의 마지막 하관예배 날은 추웠다. 날이 흐리고 바람이 많이 불었다. 교우 몇 분이 장지로 찾아오셔서 찬바람 속 하관예배에 함께하셨다. C 집사님께서 전복죽을 가져오셨는데, 경황 중에 어떻게 전해져 내 가방에 들어왔는지 모르겠다. 엄마를 묻고 돌아온 저녁, 텅 빈 몸에 들어간 따스함이었다. 어떻게 얼마나 먹었던가 기억이 나진 않는다. 다만 따뜻했다. 마지막 하관예배 때 차디찬 바람이 뼛속까지 스미는 느낌이라 덜덜 떨며 서 있었는데, 그 순간과 대비되어 따스한 기억으로 흐릿하게 남아 있다.

전에도 바쁜 사모님 조금 도와줘서 하나님께 칭찬 좀 받으려 한다며 몇 번 김치를 나눠 주곤 하셨었는데, 엄마 장례식 이후로는 거의 매 주일 김치며 밑반찬을 주셨다. 워낙 눈물을 달고 사는 시절이긴 했지만, 주신 반찬통 하나하나 꺼내 풀어 볼 때마다 눈물이 났다. 반찬 보따리는 친정 엄마 상징의 원형 같은 것 아닌가. 집사님 반찬과 우리 엄마 반찬은 비슷한 구석 하나 없지만, 딱 봐도 그냥 엄마 반찬이었다. 한참을 넙죽넙죽 얻어먹다, 날씨도 더워지고 죄송해서 어렵사리 그만 주십사고 말씀드리자, 그러겠노라 하시며 이렇게 메시지를 보내셨다.

"이제 친정 엄마 놀이 그만할게요.^^"

친정 엄마 놀이. 아, 친정 엄마 놀이! 김치며 멸치 볶음, 전복죽과 약식이 친정 엄마가 떠나 구멍 숭숭 뚫린 마음을 메워 주는 엄마표 반찬이었다!

친정 엄마표 밑반찬 보따리는 주렁주렁 달린 내 결핍 보따리 중 하나다. 결혼해서도 엄마에게 김장김치, 양념 같은 것을 받아먹는 친구들이 늘 부러웠다. 평생 착취해 온 엄마를 아직도 착취할 수 있는 딸들이 얄밉고 질투가 났다. 내 손은 친정에서 올 때가 아니라 친정에 갈 때 먹을 것 보따리로 무거웠으니 말이다.

아기가 된 엄마는 내가 만든 꽃게찜을 그렇게 좋아했다. 수년 전 처음 고관절 수술 후 요양 중일 때, 질리도록 꽃게찜을 해다 나르곤 했다. 당시 꽃게찜을 싸들고 다니며 마음의 입이 댓 발은 나와 있었던 것 같다. 우리도 자주 못 먹는 비싼 꽃게 사는 게 부담돼서도, 음식 만드는 게 힘들어서도 아니었다. 전 같았으면 "야야, 비싼 걸 왜 하냐?" "우리 신실이 몸도 약헌디, 하지 마라" 했을 엄마가 "꽃게찜 안 혀 왔어?" 하는 말에 마음이 턱 무너졌다. 아기 같은 엄마가 귀엽기도 하지만, 어쩐지 이렇게 엄마의 존재가 작아지고 작아지다 없어져 버릴까 봐, 엄마가 죽을까 봐 무서웠다. 아직은 엄마한테 더 받으며 살고 싶은데 주는 존재로 사는 내가 서러웠다. 늙은 엄마를 가진 내가 가여웠다.

20여 년 전, 결혼 초만 해도 '엄마 레시피' 찬스를 쓸 수 있었다. 밥 하다 전화해서 "엄마, 오징어 도라지 무침 어떻게 해?" 하면 곧바로 노하우를 전수해 주었다. 채윤이, 현승이는 외할머니가 손수 구워 정성으로 발라 주시던 굴비를 흐릿한 기억으로 가지고 있다. 엄마의 손맛이 그리움이 된 것은 엄마가 세상을 떠나기 10년도 더 전의 일이다. 몸이 약해지며 요리에서 손을 뗀 것은 물론, 뇌세포가 느슨해지면서 엄마만의 요리 레시피들이 사라져 가는 것을 안타까운 마음으로 지켜봐야 했다.

"엄마, 엄마가 해 주던 곱창전골 먹고 싶은데. 육수 어떻게 내고, 곱창 손질 어떻게 했는지 가르쳐 줘."

"생각이 나남? 다 잊어부렀지. 다 잊어부렀어."

일찍부터 부모의 죽음이라는 두려움을 짊어지고 살았던 나는, 엄마 반찬의 상실로 엄마의 죽음을 상상했다. 그래서 유난히 친정 엄마표 김치 보따리, 스티로폼 박스에 담긴 김치 같은 것을 보면 서글퍼지곤 한다. 집사님께서 내 마음에 들어갔다 나가셨나? 매주 반찬을 나눠 주시는 것이 그저 잘 챙겨 먹으라는 뜻인 줄 알았다. 그런 마음이셨을 것이다. 한데 '친정 엄마 놀이'라는 언표가 어쩐지 내 결핍의 보따리를 알고 하시는 말씀같이 느껴져 먹먹해졌다.

어느 날은 마지막 남은 김장김치 한 포기로 김치전을 부쳐 주셨다. 엄마 떠난 지 딱 두 달이 되는 날이었고, 자꾸 날짜를 세며 보내는 나는 그 날짜에 의미를 담아 더 힘을 내려던 차였다.

"이제 김장 한 포기를 끝으로 겨울을 완전히 보냈습니다. 사모님도 마음의 겨울을 털고 일어나시길 기도합니다."

마지막 겨울 김치라니, 이 전을 먹으면 어쩐지 정말 겨울을 보낼 수 있을 것만 같았다. 누군가 내게 "이제 그만 털고 일어나"라고 말했다면, "마음대로 털어지면 나도 털고 싶다"라고 불끈 슬픔에 젖은 화가 올라왔을 것이다. 하지만 집사님의 이 메시지는 따스하게만 다가왔다. 봄처럼.

　슬픔에 싸인 사람에게 다가가 위로하기란 참으로 어려운 일이다. 어설픈 말을 하느니 가만히 손잡아 주는 것이 좋다. 아니, 손을 잡아 주는 것도 용기가 필요한 일이다. 슬픔이나 죽음 앞에서 우리는 얼마나 어쩔 줄 모르는가. 엄마의 장례식 직후, 흑백 세상을 살던 나는 만나는 누구라도 붙들고 엄마 얘길 하고 싶었다. 누구라도 그저 엄마에 대해 물어봐 줬으면 싶었다. 엄마의 마지막 날이 어떠했는지, 엄마는 어떤 사람이었는지, 엄마가 싫었던 때, 엄마가 좋았던 때… 무엇이든 물어봐 주면 얼마든지 얘기할 수 있었다. 그것이 어렵다면 제대로 치르지도 못한 장례식 절차라도 물어봐 줬으면. 그러나 누구도 물어 주지 않았다. 마음이 없어서가 아니라 말로 할 수 없어서였음을 안다. 우리 모두 죽음 앞에서 어쩔 줄 모른다. 죽음은 이렇게 가까이 있고, 이렇게나 명징한 인간의 운명인데, 쉽게 입에 올리지 못해서 일단 피하고 보려 한다. 나 역시 슬픔에 잠긴 사람 앞에서 그랬었다.

말 대신 건네는 음식이 말보다 크게 말한다는 것을 알았다. 넙죽넙죽 반찬을 받으며 민망함도 있었지만 "그래, 난 지금 돌봄이 필요한 상태야" 인정할 수도 있게 되었다. 실은 얼마나 돌봄을 원했던가. 의연하게 일상을 살았지만, 마음속으로는 누군가 나를 아기처럼 안아 주며 돌봐 주길 기다리고 바랐던 것 같다. 한번은 지방에 있는 친구를 만나러 간 적이 있다. 점심 메뉴를 고심하던 친구가 "따뜻한 국물이 있는 밥을 생각해 봤는데…"라고 말했다. 내가 블로그에 쓰던 애도 글을 꼼꼼히 읽었기에 하는 말이었다. 이 한마디가 그대로 따뜻한 국물이었다.

　엄마를 잃고 애도하는 것은 퇴행의 시간을 지나는 것인지 모른다. "엄마 엄마" 어린아이처럼 부르게 된다. 어린아이에게 가닿는 것은 말이나 관념이 아니라 원초적인 것, 알사탕 하나, 과자 한 봉지다.

　몸으로 경험한 것만 남는다. 아니 몸의 기억이 가장 오래 간다. 엄마의 음식이 미치도록 그리운 것은 흔적이 없기 때문이다. 엄마가 학자였다면, 내가 엄마의 지성을 사랑했다면, 엄마가 남긴 글이 있고 관념이 있을 텐데. 내가 사랑한 엄마의 몸, 그것이 사라지자 엄마가 해 준 음식은 영영 다시는 먹지 못할 것이 되었다. 영영.

그러고 보면 정말 마음 깊이 따스하게 남은 것은 말이 아니라 '먹을 것'이다. 감자가 쏟아져 나오는 철이 되면 나는 감자 샐러드를 잔뜩 만들곤 한다. 햄 같은 것은 넣지 않고 오이와 양파를 넣는다. 오이를 넓고 길쭉하게 썰어서 소금물에 담갔다가 꼭 짜서 넣으면 아삭하고 맛이 있다. 어쩌다 이것을 연례 음식으로 하게 되었지? 생각해 보면 K 권사님의 감자 샐러드 코스프레다. 명일동에서 같은 아파트에 사시던 권사님은 가끔 우리 집 현관문에 음식 담긴 비닐봉지를 걸어 두고 가셨다. 감자 샐러드며 빨갛게 양념한 돼지고기. 맛도 있었지만 마음에 따스한 그리움으로 남아 있다. 그 때문에 해마다 이즈음이면 그 맛을 더듬어 비슷한 모양의 감자 샐러드를 만들게 된 것 같다.

엄마가 떠나고 난 후, 나는 애도하는 사람이었다. 이제 다른 애도하는 이를 어떻게 도울까 하는 생각이 나는 걸 보니 내 슬픔에서 한 발 빠져나왔나 싶다. 나는 누군가에게 용기 있게 다가가 그가 잃은 사람에 대해 묻고, 얘기 나눌 수 있을까. 음식을 만들어 아무것도 바라지 않고 그저 덥석 안기고 돌아올 수 있을까. 말보다 몸으로 사랑하여 진정한 것을 남기는 인생 후반을 살고 싶다. 동생은 엄마가 만들어 주던 양파

볶음밥을 자기 아이들에게 만들어 줬다고 한다. 엄마의 손으로, 몸으로 남긴 흔적은 아픈 그리움이지만 사랑의 기억이기도 하다. 다시는 먹지 못할 엄마의 곱창전골과 영양부추 샐러드와 아삭 시원한 김치는 그리움이며 사랑이다.

C 집사님의 노란색 2단 반찬통은 평생을 두고 잊히지 않을 것 같다.

삶으로 남은 유언

아이러니하거나 신비롭게도

부끄럽고 극복하고 싶었던 모든 것이

나를 나 되게 만들었다.

고통과 상처는 나를 나답게 하는

존재의 무늬가 되었다.

고아 의식

탁월한 예술가 가운데 고아가 많다고 한다. 보들레르, 카뮈, 사르트르, 도스토옙스키, 단테, 볼테르, 스탕달…. 창조성의 기원이 결핍과 상처라고 말하는 정신분석학의 이론을 지지하는 예시다.

일찍이 폴 투르니에Paul Tournier는 『고통보다 깊은』에서 고통과 상실에 대한 창조적 반응과 이를 통한 온전한 성숙에 대해 말한 바 있다. 그가 이 책을 쓰게 된 계기는 어느 의학 간행물에서 읽은 「고아가 세계를 주도한다」라는 논문이었다고 한다. 그 자신이 고아이며 인격 의학을 창시한 투르니에 박사는 기독교 상담의 세계를 아름답게 주도하신 분이다. 나도 젊은 날 투르니에 박사의 책을 열심히 읽었고 적잖이 위로를 받기도 했다. 하지만 언감생심 그분이 말하는 고아, 고아들의 창조성을 나 자신과 연결 짓진 못했다. 나의 '아버지 없음'은 그저 누추하고 누추한 처지일 뿐이었다. '결핍' '상실감' 같은 말도 내 처지에 갖다 붙이기엔 거창했다.

고아 의식.

소설가들의 소설가로 불리는 이승우 작가는 '고아이거나 고아와 같은 어린 시절을 보낸 사람이 작가가 되기 쉽다는 주장은 과장이거나 억측이기 쉽다'며 '고아 의식'이라는 언표를 내놓는다. 나는 어쩐지 이 말이 딱 알아들어진다. 나를 형성한 어떤 부분, 그러나 이름을 갖지 못한 그 부분에 정확한 이름을 붙여 주는 것 같다.

> 고아 의식은 고아의 상태에 자동적으로 따라오는 부수적 현상이 아니고, 세상, 즉 타인과의 접촉을 통해 획득되는 어떤 형질이다. 세상, 즉 타인은, 다양한 경로와 방법으로, 고아에게 고아임을 인식시킨다. 어떻게든 그가 고아임을 깨우치려 한다. 세상은 고아가 고아인 줄 모르는 상태를 못 견디는 것 같다. '너는 고아다.' 이것은 선언이다.…고아 의식의 내용은, 아마도 '나는 다르다'는 것일 텐데, 이 '다름'은 주장하거나 내세울 수 없는 다름이다. 펼쳐야 하는 다름이 아니라 오므려야 하는 다름이다.°

정확하다. 청소년기 이후 나는 이 '고아라는 의식' 위에 나를 세웠다. 소설가들의 소설가는 계속해서 고아 의식과 창조성의 관계를 독특한 방식으로 설명한다. 다름, 부끄러운 다름을 가진 고아는 고아가 아닌 척하기 위해서, 고아 아닌 이들이 어떻게 느끼고 생각하는지 상상하게 된다고 한다. 상상하고, 시늉을 내되 실감 나게 시늉을 내기 위한 '~체하기'의 체질화가 창작 능력의 비밀이라는 것이다. 전부 동의가 되는 것은 아니지만, 분명한 것은 고아 의식, 아버지 없는 아이라는 자의식은 '아버지 있는 아이', '정상적인 가정의 아이'는 어떠해야 하는지 상상하게 했고, 흉내 내게 했고, 무엇보다 쓰게 했다. 그리고 여전히 쓰게 하는 힘이다.

지난주에 방송 촬영을 하나 했다. 아직 새로운 일을 할 정신이 아닌데 수락하고 말았다. 몇 번 안 되는 방송 출연 중에 좋은 기억으로 남았던 프로그램 작가님 추천이라니 안심이 되고, 주제나 진행 방식도 부담이 없을 듯했다. 그런데 방송에 임박하여 사전 인터뷰를 하는데 뭔가 아니다 싶었다. 말을 할수록 어긋나는 느낌으로 답답했다. 내 이야기가 주제와 동

○   이승우, 『소설가의 귓속말』(은행나무, 2020), p. 22.

떨어져 있다는 느낌, 게다가 극적인 간증이나 일화를 내놓아야 할 것 같은 압박감도 느껴졌다. 역시 아직 활동할 때가 아니었는데 싶었지만, 취소하기엔 너무 늦었다. 출연자가 여럿이니 내가 망한다고 프로그램이 망하는 건 아니겠지, 생각하며 비워지지 않는 마음을 애써 비웠다. 대본 없는 토크 방송이니 가서 나오는 말을 하자.

할 수 있는 이야기, 내 이야기를 했다. 일상의 작은 실천이란 주제에 따라 '일기 쓰기' 얘기를 했고, 자연스럽게 아버지 죽음 얘기를 하지 않을 수 없었다. '일상의 작은 실천'이라는 도덕 한 스푼의 말랑한 주제에 죽음을 얘기하려니 뜬금없는 것 같았다. '실천'이라면 어떤 도덕적 의지의 발로일 텐데, 나의 일기 쓰기 시작엔 어떤 의식이나 의지가 없었다. 의지가 있다면 생존 의지였을까. 아마 간증 프로그램에 나갈 때마다 생기는 내적 버성김은 실존과 실천 그 사이일 것이다. 처절한 실존을 실천의 덕목으로 쉽고 간단하게 언어화해야 한다는 부담감과 그러기 싫음. 그런데 아무튼 눈물 없이 담담하게, 농담도 하면서 일기 쓰기와 치유, 쓰기를 통해 나다워지는 이야기를 했다. 그 어느 때보다 가볍게 내놓을 수 있었다.

내 이야기에 진행자였던 추상미 씨의 이야기가 연결되었다. 뉴스로 본 기억으론 한참 컸을 때가 아닐까 싶었는데, 아버지 추송웅 님을 잃은 때가 열네 살이라고 한다. 아버지를 존경하고 동일시하던 딸이라는 면에서 나와 비슷했다. 재난 같은 아버지 상실을 내가 '쓰기'로 채웠다면 자신은 읽었다고 했다. 친구들이 하이틴 로맨스를 읽을 때 『죄와 벌』 같은 인간 실존을 묻는 소설을 끝없이 읽었다고.

짧은 한두 마디 말이었지만 마음 깊은 곳을 어루만지는 연결이었다. 어쩌면 그도 결핍, 상실감, 고아 의식 때문에 읽고, 또 읽고, 고뇌하다 배우가 되었을 것이다. 그의 연기와 작품에는 고아 의식에 기인하는 창조성이 담겨 있을 것이다.

나는 '고아가 아닌 척'을 지나치게 의식적으로 했다. 아버지 장례를 마치고 첫 등교하던 순간을 잊지 못한다. 나는 그 어느 날 아침보다 더 환하게 웃으며 교실에 들어섰고, 다른 어떤 날보다 더 심하게 장난을 치고 깔깔거렸다. 장례가 치러지는 며칠 동안 고아 의식이 빠르고 뚜렷하게 각인된 탓에 고아처럼 보이지 않겠다고 작정을 한 것이다. 고아처럼 보이지 않기 위해 고군분투했다. 밝고, 당차고, 칙칙하지 않게, 가엾어 보이지 않기 위해 최선을 다했다. 그리고 밤이 와 혼자가 되면 비로소 '고아'로 아버지를 불렀다. 아버지를 부르는 일이 곧 일기 쓰기였다. 눈물로 일기장을 적시며 썼다. 그래야만 다시 아침이 왔을 때 하나도 슬프지 않은 말짱한 얼굴로 아버지 없는 아이처럼 굴지 않을 수 있었다.

고아 의식, 고아처럼 보이지 않기 위해서 살았던 건 아닐까. 아버지가 없어서 부끄러웠고, 부끄러워한다는 것을 들킬까 더 부끄러웠다. 작년 아버지 추도식 마치고는 다음 날 무엇에 끌린 것처럼 고향에 갔다. 내 인생 가장 추웠던 겨울, 속으로 울고 울며 학교 가던 길을 걸어 보았다. 황량한 겨울 논길, 그 길을 걸으며 비로소 받아들였다. 외롭고 부끄럽던 그 모든 것이 나를 형성해 왔다는 것을. 아무리 '척'을 해도 죽었던 아버지가 살아오지 않고, 다시 아버지 있는 사랑받는 딸이 될 수 없다는 것을 너무 늦게 알게 된 것이다. 평생 그 사실을 받아들이기 위해 썼는지 모르겠다. 부끄러움이, 존재에 대한 수치심이 나를 이끌어 오늘의 내가 되게 했다. 무의식적으로 피하지 않고, 의식하고, 애쓰고, 애쓰다 분열적이 되고, 더 깊이 상처 받으면서 말이다.

최근 내가 이끌고 있는 연구소 연구원 모임에서 책 한 권을 진하게 읽었다. 저자들이 자신의 중독 고백을 시작으로 중독의 근원인 결핍감을 만나고, 결핍감이 가진 자기 고유의 '천재성'에 눈을 뜨고, 그 끝에 (역시 자기 고유의) '봉인된 명령'이라 이름하는 소명을 더듬어 보는 책이었다. 세 저자 중 한 사람이 어린 시절 동생의 죽음에 매여 이런저런 중독(특히 종교 중독)의 삶을 살다 치유자로 사는 오늘을 고백하며 이렇게 말한다.

> 나는 상처 치유에 관한 열 권의 책을 공동으로 집필했다. 그것들은 주로 슬픔, 곧 내가 직접 경험한 많은 치유를 다루고 있다. 내용뿐만 아니라, 글 쓰는 것에 대한 나의 재능도 존(동생)의 죽음에 대한 상처에서 왔다. 나는 내가 아주 불안전하게 느껴졌기 때문에, 내가 이야기해야만 하는 모든 것을 주의 깊게 썼고, 얼마 되지 않아 쓰는 것에 익숙하게 되었다. 나는 존의 죽음을 대면하기 위해서 내가 지금 가지고 있는 거의 모든 선물을 발달시켰다.°

나 역시 그러하다. 아버지의 죽음, 고아 의식을 대면하기 위해서 내가 지금 가지고 있는 거의 모든 선물을 발달시켰다. 앞으로도 그럴 것이다. 고아 의식, 상처를 초월한 '나'는 없다. 초월할 수 없다. 이 땅에 사는 한 이 고아 의식을 안고 하루하

° 데니스 린·마태오 린·쉴라 린, 『치유와 회복의 끈 소속감』(성바오로출판사, 2016), p. 200.

루 살아가야 한다. 이것이 '나'이며 나의 소명이고, 내가 발견한 은총의 선물이다. 결핍이지만 은총인 나를 안고 한 발 한 발 내디디다 결국 끝에 다다를 것이다. 그 끝에서 만날 것이다. 고아 의식, 결핍과 상처, 수치심을 모두 씻은 듯 초월한 이들을. 망가진 몸에서 해방된 엄마가, 무너진 정신에서 자유로워진 예원이가 반짝반짝 빛나는 영혼으로 나를 기다릴 것이다.

고아 의식, 아들

부모 없는 아이는 고아, '부모 없는 아이'라는 자기 인식은 고아 의식이다. 이승우 작가의 말을 다시 빌리면, 고아 의식은 남과 다르다는 의식이기 때문에 숨겨야 하는 것이다. 즉, 고아 의식을 가진 아이는 고아가 아닌 척하기 위해 애쓰게 된다.

내적 여정을 이끌면서 마음의 이야기를 듣고 또 들으며 확신하는 바, 사람의 지나친 노력은 모두 고아 의식에 기인한다. 온전히 믿을 만한 부모가 있다면 아이들은 있는 그대로 사랑받는 자로, 자기 자신이 되어 살게 된다. 하지만 그런 부모는 세상에 없다. 있는 그대로 사랑받을 것을 기대하고 세상에 태어났는데, 그 기대는 생애 초기부터 어긋난다. 가만히 있어도 알아서 먹여 주고 기저귀 갈아 주고 보듬어 주는 부모는 없다(라고 아이는 인식한다). 뭐라도 해야, 생존 욕구든 안전 욕구든 심지어 애정 욕구도 채워진다.

그러니까 '고아 의식'이란 단지 부모 없음이 아니라 부모 없는 아이처럼 온전히 돌봄받지 못하는 데서 기인하는 결핍감이다. 물리적으론 살아 있지만 정서적으로는 부재하는 부모가 대부분이다. "내가 너를 어떻게 키웠는데" 하며 뼈를 깎아서 해 준 사랑을 셈하는 부모가 있다면, "아빠(엄마)가 준 건 사랑이란 이름의 폭력, 억압이었어요. 아빠가 주고 싶은 걸 준 거잖아요. 엄마가 하고 싶어서 한 거잖아요. 내가 원했던 건 그게 아니라고요" 하며 울부짖는 아이가 있으니. 부모가 있다고 있는 것이 아니다. 있어도 부재하는 부모의 존재가 상실의 시작이다. 부모가 돈, 일, 애정, 인정과 칭찬, 분노, 지식, 종교 등 어떤 것에든 중독되어 있는 미성숙한 존재라면, 진정한 의미의 어른으로 아이를 돌볼 수 없었다면 그의 자녀는 실존적 고아다. 그러니 우리 모두 실존적 고아다.

따라서 어떤 방식으로든 자신을 지킬 힘을 키우려 할 것이다. 내 동생에게 자기를 지키는 힘은 그야말로 물리적인 힘, 그것이었다. 내가 알기로 동생보다 싸움(맞다, 주먹으로 치는 그 싸움이다)을 잘하고 센 인간은 없다. 동생은 아버지 돌아가시고 몇 년 후부터 키가 쑥쑥 크고 어깨가 벌어지기 시작하더니 아버지처럼 기골이 장대해졌다. 강한 아이가 되었다. 누구든 싸워서 이기고, 동네에서 싸움을 제일 잘하는 아이로 이름을

날리고, 소위 비행 청소년이 되었다. 『아버지의 빈자리』의 저자 도널드 밀러Donald Miller는 부재하는 아버지를 대신할 권위자와 그의 인정과 칭찬을 찾아 헤맸다고 한다. 동생은 누굴 찾아다니는 대신에 스스로 힘을 키웠다. 싸우고 이기고, 그 끝은 '합의'라는 이름의 수습이었다. 나는 엄마와 함께 뒷수습을 도맡았다. 경찰서에 가고, 합의금을 만들기도 했다. 이런 일들이 어쩐지 그리 힘겨운 기억으로 남아 있지 않다. 비행 청소년이란 느낌보다 그냥 죽이 잘 맞는, 밤늦도록 끝도 없이 얘기를 나누는 동생일 뿐이었다.

비행 청소년이고 사고뭉치 동생이었지만, 역설적으로 엄마와 내겐 든든한 힘이 되기도 했다. 늙은 아버지가 살아 계셨다 해도 주지 못했을 안전을 동생이 보장해 주었다. 동네 골목에서 추행을 당해도 얼른 집에 있는 동생 불러내면 그 자리에서 속 시원히 해결해 주었다. 집 앞에 와 진을 치고 밤새 기다리는 등 스토킹 하던 동기 남자애를 동생이 정리해 준 전설 같은 에피소드도 있다. 그렇게 줄줄이 딸려 나오는 해결사 동생에 관한 기억이 많다. 그때부터 지금까지 동생은 내게나 친척들에게, 제 친구들에게 해결사다. 불의의 냄새를 맡는 잘 발달된 육감과 몸을 아끼지 않는 싸움꾼 기질을 결국 교회 개혁을 위해 불태웠으니, 엄마 말로 하면 "이게 다 주님의 은

고아 의식, 아들　189

혜"다.

　모르지 않았었다. 동생이 자신을 지키기 위해, 늙은 엄마와 약한 누나를 지키기 위해 무의식적으로 힘의 사람이 되는 선택을 한 것임을. 나는 그렇게 만들어진 동생의 사회적 자아의 빛과 그림자까지 다 안다고 생각했었다. 그런데 동생이 세 아들의 아빠가 되고, 아이들과 관계 맺는 것을 지켜보며 새롭게 알게 되었다. 아, 내가 모르는 아픔이구나! 같은 아버지, 같은 엄마였지만 나와 동생이 아버지의 부재와 취약한 엄마를 경험하는 방식은 달라도 너무 달랐다. 동생의 고아 의식이 '힘'으로 보상되고 있음을 직관적으로 알았고, 마음 공부를 한 이후에는 명확히 이름 붙일 수 있었지만, 그것이 안타깝고 가엾어서 마음을 많이 쏟았지만, 내가 닿을 수 없는 고유한 아픔이 있었던 것이다.

　언젠가 동생이 제 아이에게 쓴 편지를 어쩐지 자주 찾아 읽게 된다.

　샬롬아~
　아빠가 왜 수현이를 샬롬이라고 부르는지 아니? 네가 엄마 배 속에 있을 때 이름, 그러니까 태명이 바로 '샬롬'이야. 샬롬은 헤브라이어로 '평화'라는 뜻인데, 역사상 가장 지혜로운 왕 '솔로몬'이랑 같은 단어야. 아빠가 수현이 태명을 이렇게 지은 이유는 네가 솔로몬처럼 똑똑하고 지혜로운 사람이 되기를 바라서가 아니야. 그 이름의 뜻대로 네 인생이 평화롭고 행복하기를 바랐던 거지.

그런데 얼마 전에 아빠가 네 행복을 깨고 있다는 걸 깨닫게 됐어. 몇 주 전 수현이가 학교에서 활동한 '우리 가족의 마음 표현하기'를 봤단다. 아빠를 동물로 비유한다면? '사자', 날씨로 표현하면? '태풍', 맛으로 표현하면? '맵다.' 모두 무섭다는 이유 때문이더라. 그날 밤, 수현이 입장에서 생각해 봤어. 아빠에게 혼이 날 때 얼마나 두려웠을까. 그 생각을 하니 눈물이 나더라.

샬롬아! 미안하다. 아빠가 혼을 내면서 너무 심하게 화를 내는 건 잘못한 것 같다. 아빠 본심은 그게 아닌데, 그저 우리 수현이를 바르게 키우려고 그런 건데 너에게 상처를 준 것 같구나. 아빠가 다른 아이들에게는 재미있고 좋은 아저씨라는 얘기를 들으면서 정작 아들인 너에게 무서운 사람이라는 것 때문에 더 마음이 아프고, 미안한 생각이 든단다.

한편으로는 네가 쓴 걸 보고 안심이 되기도 하더라. 아빠가 무섭기도 하지만, '부드럽고' '원래는 착해서 진달래' 같고, 너희들을 '사랑해서 빨간색' 같다는 내용을 보고, '아 그래도 우리 아들이 아빠 마음을 알아주는구나' 하는 생각이 들더라. 아빠 마음을 알아줘서 고맙다. 할아버지가 언제 돌아가셨는지 아니? 아빠가 초등학교 4학년, 지금 네 나이 때였단다. 그때는 아버지가 없는 게 부끄럽기도 했고, 다른 친구들이 한없이 부러웠었지.

할아버지는 살아 계실 때에도 바쁘셔서 아빠와 시간을 보내신 적이 없단다. 여행을 갔던 추억도, 운동을 했던 적도 없어. 아빠와 함께 목욕탕에 온 친구들이 얼마나 부러웠는지 몰라. 수도 없이 넘어지면서 자전거 타는 법을 혼자서 터득했는데 할아버지는 그 자리에 안 계셨지. 수염이 자라고 나서 면도하는 법을 알려 줄 사람도 없었어.

샬롬이가 태어나던 날, 왜 그런지 모르지만 눈물이 쏟아지기 시작하더니 멈추지 않아 수건 한 장이 다 젖을 정도로 울었단다. (역시 왜 그러는지 모르지만 편지를 쓰고 있는 지금도 눈물이 나오는구나.) 아빠는 그때 다짐했지. 우리 샬롬이에게 자전거도 가르쳐 주고, 목욕탕도 함께 가고, 좋아하는 친구가 생기면 같이 좋아해 주고, 면도하는 법도 알려 줄 거라고 말이야.

초등학교 6학년 때이던가? 윗집에 살던 아저씨가 술에 취해 우리 집에 와서 행패를 부린 적이 있었어. 그때 아빠는 무서워서 이불 속에 숨어 자는 척하고 있었단다. 그 이후로 '내 가족을 지키려면 강해져야 한다'고 생각했던 것 같아. 결국 아빠는 이렇게 강한 사람이 되었지. 네가 감당할 수 없는 힘들고 어려운 일이 생기면 아빠가 함께해 주고 방패가 되어 줄게.

앞으로는 힘이 세고 강해서 무서운 아빠가 아니라, 든든한 아빠가 되도록 노력할게. 사랑해.

2015년 11월 7일

수현이의 샬롬과 행복을 바라는 아빠가

조카들은 어느덧 사춘기에 진입했다. 강해서 무서운 아빠가 아니라 든든한 아빠가 되고자 하는 결심은 아빠만의 것이다. 아이들은 그저 제게 느껴지는 대로 느낀다. 게다가 사춘기이니 부모가 준 것보다 주지 않은 것, 부모의 미덕보다 온갖 악덕만 보는 때다. 힘이 세고 강해서 사자 같고 태풍 같은 아빠의 든든함이 아니라 그 이면을 느낄 것이다. 가족을 지키기 위해 강해지기로 결심한 아빠의 서사를 이해할 수 없을 것이다. 아빠가 없었던 적이 없으니까. 죽음의 강이 덮쳐 기댈 언덕, 아니 발 디디던 지반이 그대로 무너져 없어지는 아침을 맞아 본 적이 없으니까. 아마도 넥타이를 붙들고 쩔쩔매면서 첫 양복을 입는 그런 아침도 없을 것이다. 대신 태풍 같은 아빠의 빛이 아니라 그림자를 기억할 것이다. 결핍감을 느낄 것이다. 그렇게 고아 의식은 대물림된다.

동생과 조카 이야기가 아니라 나와 우리 아이들의 이야기다. 고아인 채로, 또는 고아 의식을 가지고 부모가 된 모든 사람들의 이야기다. 엄마 돌아가시고 "이제 진짜 고아가 됐네"라는 말이 몇 번 나왔다. 동생과 대화할 때도 했던 것 같다. 아직 고아다. 아직? 아직이라니. 여전히 고아다. 이렇듯 어른이 되었는데 아직 내 안에서 아버지 잃은 아이가 우는 날이 있다. 가끔은 생떼를 쓴다. 그러면 나는 고아인 그 아이의 울음에 압도되어 어른으로 있지 못한다. 내 아이와 동급이 되어 싸우고 상처를 준다. 어른이 되지 못한 엄마 앞에서 우리 아이들은 고아가 된다. 동생의 말처럼 따스한 말을 나의 아이들에게, 어린 시절의 나에게 건네야 한다. 동생은 제 자신에게, 어린 시절의 제게 약함을 허락해야 한다.

고아라 부르고, 고아 의식에 이름 붙일 일이다. 이제 진짜 고아가 되었다.

고아 의식, 딸

아들 현승이를 부르려다가 무심결에 남동생 이름이 튀어나올 때가 있다. 꽤나 반복되는 말실수다. 말실수는 무의식의 발로라는 프로이트를 끌어오지 않아도 자명한 사실이다.

일찍부터 동생의 엄마 노릇을 자처해 왔다. 아버지 돌아가시고 남겨진 늙은 엄마, 어린 동생(그래 봐야 두 살 차이인데) 사이에서 책임감을 느꼈다. 누가 지워 준 것도 아니다. 아니, 어쩌면 그런 말들을 들었을 것이다. 하나 마나 한 말, 하지 않는 것이 더 좋을 말들 있지 않은가. "이제 네가 이 집의 가장이다, 이제 네가 잘해야 한다, 엄마에게 잘해라, 동생 잘 보살펴라…."

아버지 장례식 후 외가 친가 친척들이 다 같이 모여서 확대 가족회의 같은 걸 했었다. 남겨진 세 사람의 먹고사는 문제와, 무엇보다 남매의 교육 문제가 관건이었다. 거기 있던 누군가 내게 장래희망이 무엇이냐고 물었다. 별생각 없었는데 입에서 나오는 꿈이 있었다. 음악을 하고 싶다고, 성악가가 되고 싶다고 했다. 그러자 냉철한 작은외삼촌이 딱 잘라서 말해 주셨다.

"안 돼, 음악은 할 수 없다. 그건 돈이 많이 들어. 아버지도 안 계신데 음악을 할 수는 없어. 공부를 열심히 해라."

아, 그렇구나! 장래희망 목록에서 음악은 지웠다. 크게 아쉽지는 않았고, 지금도 그렇다. (내가 결국 뒤늦게 음악치료를 선택한 건 아쉬움 때문이지도 모르겠다.) 아무튼 그 가족회의가 남긴 인상은 강하다. 마음에 심긴 메시지도 분명하다. '아버지 없음'이 의미하는 바를 인식한 것이다. 공부 열심히 해서 성공해야겠구나, 아버지가 없으니 내가 알아서 인생을 일궈 가야겠구나, 이런 생각을 하지 않았을까. 그 생각은 아마도 내가 돌봐야 할 것이 내 한 몸이 아니구나, 동생과 엄마는 내가 잘 돌봐야 해, 까지 갔을 것이다.

엄마가 무책임한 어른은 아니었다. 엄마는 자기희생적인 사람이고 책임감도 강했다. 그럴더라도 우리 남매에게, 특히 내게 온전히 기댈 수 있는 존재가 되지는 못했다. 아버지 돌아가시고는 더욱 엄마까지 잃을까 두려웠기 때문에 엄마를 보며 불면 날아갈까, 쥐면 터질까 하고 조심스러웠던 것이 내 깊은 마음이었다. 그렇다고 엄마에게 친절하고 잘했다는 뜻은 아니다. 두려울수록 엄마에게 더 신경질적이었고, 걱정이 깊어지면 원망을 쏟아 놓곤 했다.

특히 나는 경제적인 책임감을 과도하게 졌다. 엄마는 늘 미래를 대비하는 사람이었고, 우리 교육에 관한 한 철저했다. 대학까지 학비는 걱정해 본 적이 없다. 청소년 시절에도 조르고 조르고 또 조르면 나이키 운동화를 사 주기도 했다. 하지만 집안 사정이 넉넉하다고 느낀 적은 단 한 번도 없었다. 내가 어서 돈을 벌어서 엄마의 짐을 덜어야 한다는 부담, 동생에게 뭐라도 하나 더 사 줘야 한다는 생각이 떠나지 않았다.

대학 졸업한 후에 쥐꼬리만 한 월급이라도 엄마에게 가져다주는 일이 꽤 보람이 있었다. 그 보람을 더 누리고 싶어서 퇴근 후에 과외 아르바이트를 했고, 대학원 갈 준비를 하면서는 아예 직장을 그만두고 과외에 본격적으로 뛰어들었더니 수입이 훨씬 나아졌다. 학비를 위해 돈을 모으는데 아주 잘 모아졌다. 통장에 쌓이는 돈을 보며 그렇게 기분이 좋을 수 없었다. 그러던 어느 날 집 냉장고가 고장이 났다. 고치긴 틀렸고 새로 사야 하는데, 돈이 없어 어쩌나 하는 엄마의 걱정 몇 마디에 내가 모았던 돈을 내놓았다. 지금 생각해 보면, 엄마에게도 돈이 있었을 것이다. 내가 모른 척했으면 아마 엄마가 해결했을 것이다. 정말 내놓기 싫었는데, 싫은 내색도 하지 않고 순순히 그동안 모은 돈을 내놓았었다. 냉장고를 사고도 한참 서러웠다.

엄마와 동생을 위해서 내가 돈을 벌어야 한다는 책무감이 떠나질 않았다. 동생의 고아 의식, 즉 아버지 없는 결핍감이 물리적 힘에의 집착으로 나타났다면 내겐 경제적인 책임감과 정신력으로 나타난 게 아니었을까. 아버지는 어린 내게 지성의 표상이었다. 나는 아버지가 설교 준비하시는 앉은뱅이책상 옆에 엎드려 산수 공부를 하고 글짓기 숙제를 했다. 덧셈 뺄셈을 하는데 교과서에 나온 강아지를 개수 그대로 연습장에 그려 주던 아버지 모습이 아련하다. 글쓰기 숙제를 하는데 '유비무환'이라는 말의 뜻을 가르쳐 주며 글 안에 넣어서 써 보라고 했던 기억도 있다. 아버지가 사라졌다는 것은 지성의 기반이 무너졌다는 뜻이다. 나의 끝없는 지적 욕구는 아버지 부재가 남긴, 고아 의식이 남긴 결핍감일지 모른다.

청년 시절을 함께 보냈던 H가 나는 잊은 어떤 기억을 끄집어냈다. 내가 주일학교 성가대 지휘를 하던 시절, 해마다 합창, 성경암송, 성경고사 등의 교회 대항 대회가 열리면 성가대 아이들 데리고 출전하곤 했다. 어느 해에는 합창 대회에서 1등을 했는데, 등수 발표를 하던 심사위원이 당혹스러운 심사평을 했다. 노래는 잘했지만, 내 치마 길이를 언급하며 지휘자의 복장이 문제가 있었다고 한 것이다. 대회는 조용히 마쳤지만 이 문제를 그냥 넘길 수 없었다. 노회 연합회에 항의 글을 전달하고 공식 사과를 요구했다. 그 과정이 쉽지는 않았지만, 결국 사과를 받아 냈다.

문제는 그 일을 복기하는 H의 말이었다. 나는 잊고 있던 일을 생생히 기억하며 "언니, 정말 집요하게 느껴졌어. 왜 저렇게까지…라고 생각했는데, 지금 돌아보니 조금 알겠어"라고 했다. 나도 돌이켜 보니 그런 것 같다. 지금과는 비할 수도 없는 시절이다. 성인지 감수성이나 인권 감수성을 떠올릴 수조차 없는 때였다. 나는 어떻게 그렇게 거침없이 분노하고 용기를 내고 집요할 수 있었을까? 그건 그저 그 한 가지 일에 대한 반응이었을까?

나이가 한참 많은, 청년들에게 현자 노릇을 하던 선배가 내게 했던 말이 기억난다. "너는 아버지가 없어서 제멋대로인 구석이 있다"라고 했다. 아버지 없는 아이로 보이고 싶지 않아 몸부림친 결과가 아버지 없음을 드러낸 일이 되었다고?! 그게 아버지 없는 애 면전에 두고 할 말인가 싶었지만 별말을 못 했었다. 그것이 당시 나를 보던 주변 사람들의 시각이었겠구나 싶다. 부드럽고 물러 터졌으며 흐리멍덩하다는, 내가 가진 자아 이미지와 전혀 상반되는 것.

아버지 없음은 내 인생 지성의 부재이며, 자존심을 지켜 줄 권위의 부재였다. 그렇게 내가 나를 지키며 무시받지 않아야 한다고 생각했던 듯하다. 내가 평생 읽고, 쓰고, 사유하는 일에 에너지를 쏟은 것은 아버지 없음, 나의 고아 의식의 발로다. 아버지의 빈자리를 스스로 채워야 한다는 처절함이었다.

엄마가 아니라 아버지를 선망하고, 아버지와 동일시하던 어린 딸, 그 아이의 선택이 이제 와 나는 한없이 가엾다. 성폭력 생존자 글쓰기 모임을 인도할 때, '부정적 감정'을 불러일으키는 존재를 떠올리며 글을 쓴 적이 있다. 참여한 넷 중 세 사람의 주제가 아버지였다. 내적 여정을 이끌며 어린 시절 작업을 하면서 보게 된 것도 마찬가지다. 아버지보다 엄마를 자신과 동일시하는 딸이 더 많고, 부모 둘 다 고통의 근원이었을 테지만 아버지가 준 고통을 더 치명적으로 간직하는 경우가 많다. 이제 와 생각하면 나는 이 지점에서 그런 이들에게 감정이입을 하지 못했다.

알고 있었고, 인식했다고 하지만 나는 그보다 훨씬 더 아버지와 동일시되어 있었고, 심지어 우상화했다. 눈에 없는 신을 형상화하고자 하는 것이 인간 본능인지 모른다. 내가 자라고 사춘기를 겪는 동안 내내 곁에 살면서 간섭하고 상처를 주었다면 모르겠지만, 어느 날 갑자기 사라진 아버지는 내게 이상화되다 못해 우상이 되었다. 엄마를 혐오하고 아버지를 이상화하며 동시에 무의식적으로 여성인 나를 스스로 낮추고 비하했다. 이율배반적으로 외부 남성 권위에는 분노하고 대항하게 되었다. 당연히 왜곡된 가부장적 하나님의 이미지를 가졌고, 그것은 다시 내 안의 여성주의와 충돌했다. 영적 여정에서 나를 오도 가도 못 하게 하는 분열이었다. 몇 년 전에 읽은 모린 머독Maureen Murdock의 『영웅의 딸』을 통해 이것을 명확하게 보게 되었다. 이 책은 여성들 안의 영웅 심리와 불안을 아버지와의 동일시로 설명한다.

> 아버지와의 지나친 동일시와 아버지처럼 되고자 하는 '아버지의 딸'들의 욕망은 그들이 여성으로서의 정체성에 편안하게 다가가지 못하게 했다.…'영웅의 딸'이란 아버지와 자신을 동일시하고 성공을 추구하는 가운데 남성을 모방하는 여성을 일컫는다. 그녀는 어린 소녀였을 때 '아빠의 딸'로서 아버지를 이상화하고 어머니는 거부한다.…'아버지의

딸'이 아버지와 남자들의 세계를 모방하면서 일찍부터 그녀의 남성적인 성품을 발전시킨다는 사실에 대해서는 의심할 여지가 없다. 그러나 아버지와의 지나친 자기 동일시는 딸에게 자신감과 세상에서의 경쟁력을 심어 주지만, 어머니와의 분리 속에서 그녀는 여성성에 깊은 상처를 받게 된다.…'아버지의 딸'은 자신 속에 아버지의 시각을 내면화하고 있기 때문에, 아버지와 자신을 강하게 동일시하면 할수록 그녀는 더욱더 개별적인 정체성 수립에 어려움을 겪게 된다.°

엄마도 동생도 중요한 일을 결정할 때는 꼭 내게 물었다. 노인이 되면 고집쟁이가 되기가 쉬운데 엄마는 내 말을 잘 들었다. 며느리와의 관계에서 섭섭함을 토로하다가도 내 몇 마디에 금세 생각과 태도를 고치곤 했다. 엄마와 동생이 내게 물어 올 때마다, 무심한 듯 응대했지만 조용히 마음이 무너져 내리곤 했다. 두 사람이 겪는 일상의 어려움이 다 내 책임 같고, 내가 해결해 줘야 할 것 같았다. 과도한 책임감이다. 내 힘에 부

° 모린 머독, 『영웅의 딸』(청동거울, 1999), pp. 12-15.

치는 짐을 지고 평생 힘겹게 지내 왔다는 것도 이제는 알겠다.

아이러니하거나 신비롭게도 그 무게가 내 존재를 강하게 만들었다. 아버지와 동일시되어 과도한 힘을 내어 살아 온 덕에 지금의 내가 있다. 부끄럽고 극복하고 싶었던 모든 것이 나를 나 되게 만들었다. 차마 내 입으로 할 수 없는 말을 폴 투르니에 박사, 고아 대선배께서 그의 책에 먼저 썼으니 그의 입을 빌려 본다.

> 고아라는 것은? 나는 항상 그것이 내 인생의 가장 큰 불행이라고 믿어 왔습니다. 그런데 지금은 그것이 내 생의 가장 큰 행운이었다는 것을 인정해야겠습니다.°

나를 형성한 것들을 더는 부끄러워하지 않고, 나로 받아들이고자 한다. 적당히, 과하지 않은, 자연스러운 책임감으로 살아야 할 시간이다. 아버지의 딸이 아니라 엄마의 딸로서, 아니 그 누구의 딸이 아닌 나 자신으로, 역할의 옷을 벗고 가볍게 살아갈 시간.

° 폴 투르니에, 『고통보다 깊은』(IVP, 2004), p. 52.

유산, 돈

현승이를 데리고 일주일에 한 번씩 엄마 집에 가던 때가 있었다. 하루는 집에 오려는데, 현승이 형아를 따르는 조카 셋이 병아리들처럼 졸졸 따라온다. 그런데 그날따라 엄마도 주차장까지 따라오신다. 조카 녀석 하나가 "할머니 왜 자꾸 따라와요?" 물으니 "너는 왜 따라가? 인자 들어가. 나는 우리 이쁜 딸 더 많이 볼라구 그러지" 하시더니, 조카들 눈치 살피며 "현성이(평생 현승일 그렇게 부르셨다) 할머니하고 손 한번 잡자" 하셨다. 그러고는 현승이 손에 은밀하게 만 원짜리 한 장이 쥐어졌다.

엄마는 아이들을 만날 때마다 돈을 주셨다. 엄마 용돈이 뻔한데, 매주 보는데도 볼 때마다 돈을 주시니 엄마에겐 적은 돈이 아니다. 어떤 때는 같이 가지도 않은 큰애까지 챙기며 "이건 누나 갖다 줘" 하신다. 엄마에게 계산도 없이 왜 자꾸 애들에게 돈을 주냐 핀잔을 주면, "내가 어렸을 적이 어느 오이삼춘(외삼촌)이 만날 때마닥(마다) 돈을 줬는디 그게 안 잊어져버려. 애들은 돈 주는 사람을 안 잊어버려. 우리 현성이도 할머니 잊어버리지 말라고 주는 거지" 하셨다.

그날 주차장 앞에서 엄마랑 조카들이랑 다 함께 셀카를 찍었다. 연분홍 스웨터를 입고 오래 서 있던 엄마 모습이 아련하다. "우리 현성이 할머니 잊어버리지 말라고 주는 거지." 그 말에 어김없이 눈물이 났다. 돌아가시기 직전까지 단 한 번도 잊지 않고, 만날 때마다 아이들에게 조용히 만 원, 2만 원을 쥐어 주셨다. 함께 사는 손주들이 부러워할까 봐, 꼭 쥔 손을 주머니에 넣고 있다 조용히 건네셨다.

엄마 시력이 많이 흐려져 "니가 누구냐? 이게 누구여?" 하던 때는 조카 녀석들이 장난을 치곤 했다. "할머니, 안녕하세요. 저 현승이에요" 하면, 주무시다 일어나신 엄마가 "얼라, 현성이가 왔어? 온다는 소리도 없이 왔어? 혼자 버스 타고 왔남?" 하며 성경책에 끼워 둔 돈을 찾아 내주셨다고. 녀석들의 '야곱 놀이' 꼬리가 길어서 밟혔는지, 하루는 외갓집 다녀온 현승이가 그랬다. "엄마, 할머니 방에 가서 인사를 드렸는데… 니가 진짜 현승이여? 현승이 맞어? 하셔. 애들한테 하도 많이 속아서 못 믿으시겠나 봐. 돈을 주시다 말고 한쪽을 꼭 잡고 내 얼굴을 들여다보셔" 하며 낄낄거렸다. 사랑스러운 할머니였다.

돈에 관해 꽉 쥔 손을 펴고 언제든 주고 또 주던 엄마의 마지막 모습은 내게는 치유였다. 나는 엄마를 얼마나 지독하게 오해하고 있었던가. 엄마는 돈에 매인 사람이라고 생각했다. 아버지 돌아가시고 돈에 벌벌 떠는 엄마가 견딜 수 없이 싫었다. 한번 들어가면 나오지 않는 엄마의 돈주머니가 지긋지긋했다. 사춘기 시절에는 "예수 믿는 사람이 왜 그래? 권사님이 돈밖에 몰라!" 하며 대들었다. 대들고 쏘아붙인 말보다 더 맹렬한 비난을 속으로 퍼부었다.

동생과 나의 학업에 관한 지출, 즉 교육비 외 생활비는 최소한이었다. 아끼고 또 아꼈다. 나는 또 얼마나 사고 싶은 옷도 갖고 싶은 것도 많은 애였던가. 그리하여 아버지 돌아가신 후 내 고통의 원인은 죄다 엄마였다. 엄마와 돈, 엄마의 신앙, 엄마의 걱정, 엄마의 잔소리, 엄마의 넋두리…. 그저 인색한 엄마가 싫다고 하면 될 것을, 반항기 충만했던 나는 돈에 대한 집착과 예수님 사랑이 공존할 수 있는 것인가, 공존해도 되는 것인가 하며 돈과 신앙을 결부시켜 더욱 치명적으로 엄마를 공격했다.

그러나 엄마의 돈, 돈, 돈은 철저하게 나와 동생을 위한 이타적 집착인 것을 모르지 않았기에, 그 감정은 단지 분노만은 아니었다. 두 남매를 잘 키워야 할 책임감과, 자신은 나이도 많고 의지할 곳도 없는데 과연 아이들을 제대로 키우고 교육시킬 수 있을까 하는 두려움임을 알았다. 그 막막함에 맞서는 방법이 엄마에겐 돈과 신앙에 집착하는 것이었다. 최대한 돈을 움켜쥐고, 한편으론 기도에 목숨 걸기! 그런 엄마를 알기에 분노만큼이나 연민했다. 연민하다 못해 동일시되어, 엄마의 한을 풀어 주고자 공부했던 것 같다. 엄마가 원하는 대학에 가고, 좋은 직장 들어가서 돈을 많이 벌어야겠단 다짐을 무의식적으로 하곤 했다. 원하는 대학과 학과가 있었지만 엄마가 바라는 대로 원서를 썼다. 엄마 꿈이 내 꿈이었다. 원서를 낸 학교에 보기 좋게 떨어졌을 때는 내가 아니라 엄마가 가엾어 주저앉아 일어나지 못했다.

나와 동생은 어떻게든 컸고, 대학도 대학원도 나왔다. 결혼도 했다. 엄마가 드디어 책임감과 두려움의 짐을 내려놓을 때가 된 것이다. 하지만 책임감 대신 걱정의 옷을 입고 엄마의 '돈, 돈, 돈'은 계속되었다. 뭘 하나 사 들고 가면 "그거 얼마니? 돈 없는데 그 비싼 걸 왜 샀다니?" 외식 한번 하려 해도 "얼마라니?"(비싸면 안 먹으려고) 하셨다. 용돈을 드리면 조용히 뒤로 돌려주기 일쑤였다. 나보다 내 살림살이 걱정을 더 많이 하는 엄마는 여전히 돈에서 해방되지 않았다. 나는 그런 엄마로부터 자유로워지지 않았다. 어린 날의 분노와 연민은 죄책감과 깊은 슬픔으로 바뀌어 자꾸 엄마 주변을 맴돌게 되었다. 돌아가시기 전 6년 정도는 힘이 많이 빠져 걱정 에너지도 함께 줄어서 그나마 다행이었다.

늦게 신학을 하고 목사가 된 남편이 새로운 교회에 청빙 받아 옮기게 되었을 때였다.

"얼라, 담임이여? 할렐루야! 되얐다, 되얐어!"

담임목사. 담임목사란 무엇인가? 엄마에게 담임목사란 평생의 두 집착이던 돈과 신앙의 문제를 한 번에 해결하는 축복이다. 늦둥이 아들을 일찍 '주의 종'으로 바치고 '진실한 목사 되어 크게 쓰이게 해 달라' 평생 기도하셨다. 대놓고 명시하진 않았지만 그 기도 응답의 정점은 담임목사가 되는 것이었다. 엄마의 아들은 진실한 목사가 되기 위해 교회 개혁에 투신하여 열정을 불태웠다. 그러다 목사직을 버리는 것으로 끝을 보았다.

"야야, 사모의 '사'는 죽을 사 자여." 목사 사모는 되지 않는 게 좋다고 세뇌시켜 키운 딸이 착한 평신도 청년을 만나 결혼하는가 싶더니, 한참 늦게 사위가 목사가 되었다. 이래저래 걱정이 늘던 중 그 사위가 담임목사로 간다 하니 엄마는 너무나 좋아하셨다. 곧바로 이모 삼촌에게 전화하여 "동생, 기도 많이 혀 주야 쓰것어. 우리 김 서방이 담임이루 가게 됐어" 자랑하셨다.

마음이 아팠다. 엄마가 생각하는 그런 교회, 그런 '담임목사'가 아니다. 엄마의 꿈과 다른 이 새로운 교회에 대해 설명할 방법이 없었다. 목사는 주의 종, 담임목사는 하나님 급으로 생각하는 엄마는 진정한 의미로, 그리고 실제적으로 '교인이 주인'인 교회를 이해하지 못한다.

해마다 여름, 엄마를 모시는 동생네가 여름휴가를 가면 엄마는 우리 집으로 휴가를 오셨다. 나는 그 한 주간 엄마가 좋아하는 메뉴를 돌려 가며 해 드리는 것으로 1년 효도를 몰아서 했다. 딸 집으로 오신 마지막 휴가는 돌아가시기 3년 전이었다. '담임'이 되어 교회를 옮기고 이사한 집에 처음 오신 것이다. 좁은 주방에서 땀을 뻘뻘 흘리며 새우를 굽는 나를 얼마나 지켜보고 있었는지. 문득 등 뒤의 엄마가 물었다.

"이게 사택이여?"

유산, 돈

"아니야. 사택 없다고! 그런 교회 아니라니까."

이미 수십 번 했던 설명을 또다시 하게 될까 봐 미리 짜증을 내 버렸는데 어쩐지 더 묻지를 않으신다. 그러더니 한참 후에 들릴락 말락 혼잣말을 하셨다. "그려도 너무들 헌다." 남은 며칠 엄마는 더욱 말이 없어졌다. 그러곤 다음 해에도, 그다음 해에도 오시지 않았다. 물론 그 담임목사 타령도 끝났다.

엄마에겐 다 계획이 있었다. 기도 제목 또는 그냥 욕망이라 해도 좋다. 이 땅에서 당신의 자녀들이 살았으면 하는 삶에 대한 계획이 있었다. 엄마의 상상력으론 담임목사만 되면 이루어질 꿈이었다. 그런데 그 계획이 수포로 돌아간 것이다. 우리 집에서 보낸 마지막 휴가 주간, 꾹 다문 엄마의 입술과 굳은 표정은 너무나 아프게 가슴에 남아 있다. 가족 모두가 그 집에 살았던 2년을 최악의 시간으로 기억하고 있다. 그럴 만한 안팎의 환경들이 있었다. 하지만 가족들은 잘 모른다. 내가 그 집을 정말 싫어하는 이유는 그해 여름 엄마의 마지막 휴가 내내 보았던 꾹 다문 입술이 슬퍼서라는 것을.

엄마의 계획은 여기서 끝이 아니었다. 돈에 관한 최후의 계획이 있었다. 당신이 너무 오래 살아서 막내아들 며느리 고생시킨다고 미안하단 말을 입에 달고 살던 어느 날은 내게 말했다. "야야, 내가 죽고 장례식 치르면 조의금이 나올 것 아니냐. 그게 얼마가 됐든 한 푼도 욕심내지 말고 다 운형이 줘야 헌다. 이 집이 차를 바꿔야 혀. 니가 오빠들한테도 말 잘혀서 그걸로 운형이 차 바꾸게 혀 줘라." 돈 걱정 주식회사 엄마의 마지막 계획이었다. 코로나19 시작과 함께 떠나셔서 가족장으로 치른 통에 그마저 수포로 돌아가고 말았다. 하나님은 가난한 과부의 기도를 끝내 들어주지 않으셨다.

나름대로 엄마에겐 야심 찬 계획이었는데, 사상 초유의 코로나 사태라는 복병이 나타날 줄이야! 한발 물러서서 돌이켜 보면 헛웃음도 나온다. 엄마, 어떡해? 실패야! 생각하니 엄마가 내게 말하는 것 같다. "괜찮여. 나는 이제 돈 걱정 없는 곳에 와 있으니 아무 상관없어. 너도 이제 내 걱정 말고 감사하면서 살어. 기도 많이 혀라." 엄마에게는, 아니 주님께는 더 큰 계획이 있었구나!

돈에 관한 엄마 최후의 계획이 틀어지는 것을 보면서 나는 생각한다. 엄마의 계획보다 더 큰 계획이 작동하고 있는 것은 아닐까. 돈 걱정으로 일관된 엄마 인생의 결국을 확인하면서 나는 본다. 엄마의 돈 걱정이 아니라 엄마의 걱정 뒤에 숨어 있던 내 욕망을 본다. 공부 열심히 해서 돈을 많이 벌어야겠다, 엄마를 호강시켜 드려야겠다는 다짐은 정말 엄마를 위한 것이었을까. 엄마의 욕망을 욕망하다 그것이 나의 욕망이 된 것인지, 애초부터 내 안에 있던 것인지는 모르겠지만, 엄마 걱정이 아니라 내 걱정이고 내 욕망이었다. 엄마를 위한 슬픔이 아니라 자기 연민이었다. 어쩌면 엄마는 이미 자유로워졌는데, 엄마를 빙자하여 내가 붙들려 있었던 것일지 모른다. 늘 하던 습관대로 입으론 돈 걱정이었지만, 언제부터인가 엄마의 주머니는 열려 있었다. 손주들에게, 심지어 나에게도. 농담 삼아 "엄마, 왜 나는 용돈 안 줘?" 하면 "얼라, 돈 버는 사람이 저런댜" 하면서 손은 이미 (돈이 끼워진) 성경책 갈피를 더듬고 있었다.

이젠 엄마가 없으니 엄마 핑계로 내 욕망을 위장할 수도 없다. 마지막 휴가, 그 싫었던 집 소파에 앉아 입을 꾹 다물고 있던 엄마 모습을 생각할 때마다 가슴이 아프고 밀려오는 슬픔을 주체할 수 없었다. 이제는 안다. 이 슬픔은 엄마가 아닌 나의 것이라는 것을. 중세의 여성 신비가인 시에나의 성 카타리나$^{Catherine\ of\ Siena}$가 말하는 자기 연민, 영적 이기심에서 비롯한 눈물이라는 것을. 엄마가 돈 걱정 없는 나라로 가서 다행이다. 나는 엄마보다 더 배웠고, 더 사랑받았으니 더 나은 삶을 살아야겠다. 죽음을 통과하여 들어갈 그 나라에 가기 전, 바로 지금 여기서 시작해야겠다. 기도 제목이란 미명하에 실패로 끝날 계획들에 나를 허비하는 일을 멈추고, 내게 없는 것을 가진 이를 시기 질투하며 자기 연민에 빠져 살지 않겠다.

아빌라의 테레사Teresa of Avila의 기도에 곡을 붙인 노래가 올 초부터 내내 가슴에서 울리고 있다.

> 아무것도 너를 슬프게 하지 말며
> 아무것도 너를 혼란케 하지 말지라.
> 모든 것은 다 지나가는 것 다 지나가는 것
> 오 하나님은 불변하시니 인내함이 다 이기느니라.
> 하나님을 소유한 사람은 모든 것을 소유한 것이니
> 하나님만으로 만족하도다.

중세 영성가들을 공부하던 중, 여성 신비가들의 삶과 신앙을 보면서 엄마가 떠올랐다. 그분들의 남다른 신심, 하나님을 향한 순수한 갈망을 어쩐지 어디서 본 듯했다. 엄마가 결혼하지 않고, 아이를 낳지 않았다면 그렇게 살지 않았을까 하는 생각을 했다. 그렇게 예수님을 신랑 삼아 기도로 일생을 살지 않았을까.

언젠가 둘째 현승이가 어느 사람을 빗대어 엄마에 대해 말한 적이 있다. "그런데 그 반대로 외할머니는 분명히 돈이 없는데 꼭 부자처럼 느껴져." 이제 와 아이에게 말할 수 있겠다. "맞아, 현승아. 할머니는 부자였어. 할머니는 하나님을 소유했기 때문에 모든 것을 소유하신 분이야. 이제 와 생각하니 할머니 정말 부자였어." 이젠 내 몫이다. 결국 지나가고 말 것들에 마음 빼앗기지 않고, 슬픔과 혼란에 영혼을 내주지 않고 엄마의 뒤를 따라가리라. 용돈 잘 주는 할머니로 늙어 가리라.

생신 같은 날 노래를 시키면 부르던 엄마의 십팔번 노래가 있다. 도대체 몇 절까지 있는지 끝까지 확인을 못했고, 우리 가족끼리는 '네버 엔딩 송'이라 부르는 이 노래, 아빌라의 테레사의 기도 못지않은 아름다운 고백 아닌가.

예수 소유하야서 나는 부자 되고
예수 한 분 잃어서 나는 그지 되네.
예수여 예수여 내 중심이 오소서.
주님 한 분만으로 만족합네다.

엄마가 남긴 유산, 돈이 아주 값지고 크다.

예배, 삶으로 남긴 유언

2020년 1월 26일 주일, 엄마는 이 땅에서의 마지막 공예배에 참석했다. 늘 그렇듯 동생이 운전하는 차를 예배당 입구 계단 앞에 바짝 주차했을 것이다. 대기하던 집사님들이 우르르 몰려와 조수석의 엄마 몸을 조심스레 빼냈을 것이다. 아슬아슬, 느리고 느린 걸음으로 예배당 앞자리까지 걷는 시간, 엄마의 마음은 얼마나 설렜을까. "아이고, 이제 도착했네." 그 가깝고도 먼 길을 걸어 털썩 주저앉으며, 안도의 숨과 기도로 "주여" 하는 목소리가 들리는 듯하다.

그 자리, 그 시간을 위해 일주일을 살고, 그 한 시간의 힘으로 일주일을 버티는 것이 엄마의 마지막 나날이었다. 아니 평생의 나날이었다. "오늘이 무슨 요일이냐?" 아침마다 의례처럼 묻는 엄마의 질문은 "주일까지 며칠 남았니?"라는 뜻이다. 엄마의 지남력은 주일 오전 열한 시를 기준으로 유지되었다. 어두워진 눈과 귀에도 마지막까지 맑은 정신만큼은 유지했던 비결은 예배를 향하는 정신이었다.

그 갈망, 그 절실함은 엄마 곁에 있는 누구라도 성경에 나오는 중풍병 환자의 친구들이 되게 하였다. 어떻게 해서든 주일 예배 자리에 엄마를 모셔다 놓아야 할 것 같고, 그 시간만큼은 지켜 드리고 싶게 만들어 버린다. 한때 목사였던 동생이 목회하던 시절 못지않은 성실함과 사명감으로 주일에 엄마 전용 기사 노릇을 했다.

마지막 예배를 드린 그다음 주, 그러니까 2월 2일 주일은 코로나19라는 낯선 바이러스가 뉴스에 등장한 때다. 그 전염력이나 위력을 인식하기 전이었지만, 동생은 조용히 주일을 그냥 지나갔다. 엄마에게 "주일이지만 교회에 못 간다"는 말씀을 드려 상실감을 안겨 드릴 필요가 없다고 생각한 것이다. 요일 감각이 둔해져서 다행이기도 했다. 그런데 엄마도 모르게 빼먹은 주일 다음 날, 손주에게 물어보셨단다.

"오늘이 무슨 요일이냐?"
"오늘요? 월… 아… 아니 오늘이요? 음… 목요일이요."

거의 반사적으로 튀어나온 하얀 거짓말이다. 할머니가 주일 예배 드리지 못해서 실망하실까 걱정하는 배려였다. 사춘기가 한창인 아이다. 누구를 배려하거나 타인의 감정을 보살필 시기는 아닌데도 이 정도다. 곁에 있는 누구라도 침상을 들어 옮기고 지붕을 뚫게 만드는 위력이다. 예배를 향한 엄마의 열정은 '지붕 뚫고 하이킥'이다.

뜬금없지만 예배와 엄마와 코로나19를 생각하다 『삼국유사』에 나오는 '연오랑과 세오녀' 설화가 생각났다. 신라의 바닷가에 가난하고 부지런한 연오랑과 세오녀 부부가 살고 있었다. 고기 잡고 옷감 짜는 솜씨가 뛰어난 이 부부가 어느 날 바위를 타고 왜나라로 건너가게 되었다. 바위를 타고 왔으니 하늘에서 온 사람이라 여겨 그곳의 왕으로 추대된다. 두 사람은 어지러운 나라를 잘 다스려 평온하게 한다. 한편 고국의 신라는 해와 달이 사라지고 곳곳에 여우가 나타나 사람들을 괴롭히며 도둑이 들끓었다. 이유를 알아보던 왕은 해와 달의 정기를 가진 연오랑과 세오녀가 왜나라로 떠났기 때문임을 알게 된다. 다시 돌아올 것을 부탁했지만 둘은 이미 돌아올 수 없는 처지가 되었다. 대신 세오녀가 짠 비단을 신라에 보냈고, 그것으로 제사를 지내니 해와 달이 다시 세상을 밝게 비추었다는 것이다.

돌아가신 엄마를 신격화하려는 것은 아니다. 내 인생의

해와 달이었다고 말하려는 것도 아니다. 다만 연오랑과 세오녀처럼 엄마가 어떤 것을 가지고 떠나 버린 것 아닐까 하는 엉뚱한 생각이 들었다. 어떤 예배, 이제껏 엄마가(우리가) 목숨처럼 지켰던 어떤 예배 말이다. 코로나19로 바뀐 세상, 교회, 특히 예배를 우리 엄마는 이해할 수 없었을 것이다. 주일 성수를 위해 온갖 불이익을 감수했던 엄마가, 예배 한 번 빠지면 지옥 가냐는 온갖 조롱 속에서도 "내가 죽어도 성전에 가서 죽는다"는 말을 입에 붙이고 살던 엄마가 '자발적 예배 안 모이기'를 어떻게 받아들일 것인가. 아니면 엄마는 이런 세상을 도저히 받아들일 수 없어서, 코로나로 인한 예배 금지 조치가 내려지기 직전 사고를 당하고, 병원으로 격리되어 떠난 것은 아닐까.

심한 비약인 것은 알지만 우리 엄마에게 예배는 그 정도였다. 엄마를 요양병원에 모신 다음, 면회가 불가능한 상황임을 알리기 위해 "엄마, 보고 싶은데, 전염병 때문에 면회가 안 돼"라는 말을 몇 번을 했던가. 구십 평생 엄마의 경험을 끌어와도 전염병으로 면회가 안 된다는 말이 이해되지 않았을 것이다. 혹시라도 이것들이 나를 버렸나 하고 엄마가 오해하지 않을까 더 마음을 졸였었다. 하물며 "엄마, 전염병 때문에 교회에서 예배를 안 드려. 모여서 기도회 하고 그러다 전염병 걸리면 벌금을 내야 한대" 설득할 수 있을까. 엄마의 시대는 이전의 한 시대의 예배와 함께 저물었다.

수년 전 어느 주일, 예배 마치고 곧장 우리 집으로 모셔 와야 했었다. 엘리베이터 없는 빌라 3층을 오르고 내리는 것은 엄마에겐 한라산 등반 같은 일이다. 세월아 네월아 계단 오를 생각을 하니 한숨이 먼저 나왔다. 게다가 엄마는 치렁치렁한 치마 정장을 쫙 빼입고 있었다. 그 복장을 하고 계단 앞에 선 엄마를 보니 복장이 터질 것 같았다. 치마를 잡아 매 보기도, 속바지 안에 집어넣어 보기도 했지만 단출해지질 않았다. "아이고, 아이고, 헤에, 휴우…." 한 계단에 한 번씩 뱉는 숨찬 소리에 '잘 걷지도 못하는 노인네가 이런 옷을 입고 다니냐, 그러다 걸려 넘어지면 어쩌려고 하느냐' 한마디 쏘아붙이려던 찰나, 엄마가 먼저 치고 나왔다.

"권사님들이 바지 입고 댕기라고들 혔샀는디… 노인네가 근천스럽게(거추장스럽게) 치마 입는 것이… 주책이라고 헐깨미(할까 봐) 부끄러. 그려도… 나는 평생이 주일날 바지 입고 예배 드린 적이 웂어서… 헥헥… 하나님 앞이 가는디… 오뜨케 그르케 헐 수가 웂어. 나는 죄송혀서… 히유우…. 미안허다.

예배, 삶으로 남긴 유언

내가 오래 살어서 이르케 자식들 고생시키고…."

계단을 오르는 기나긴 시간, '히유~우, 히유~우, 중얼중얼' 하는 소리에 스르르 마음이 풀렸다. 그리고 치마 입은 여자 엄마의 뒷모습이 예뻐 보였다. 엄마만의 예전, 예배에 대한 평생의 고집이 곱게 느껴졌다. 어쩌면 난생처음으로!

예배, 주일, 주일성수에 대한 엄마의 집착과 고집이 얼마나 나를 옥죄었던가. 엄마 잔소리의 8할은 예배, 주일성수였다. "하나님 두려운 줄 알고 살어. 주일성수 혀라. 주일날 돈 쓰지 마라. 너 가정예배 드리니? 애들 기도로 키워야 혀. 기도백이는 읎다…." 어려서부터 들었던 잔소리를 쉰이 넘도록 들었다. 어릴 적엔 정말 고통스러웠지만, 그저 엄마 존재하는 곳의 BGM이라고 생각했다. 반골 기질이 강한 나는 어려서부터 일단 반발하고 봤다. 엄마의 모든 것, 특히 신앙생활에. 반발하고 미워하면서도 엄마의 그것을 고스란히 내 것으로 가져왔으니 비극이었다. 마흔 무렵 뒤늦게 신앙의 사춘기를 겪었다. 엄마와 교회를 싸잡아 미워했다. 말 그대로 사춘기 아이 가출하듯 엄마와 교회를 떠나왔다. 10여 년의 방황이었다.

유년의 천진난만함에서 떠나 격정의 사춘기를 보낸 후에 눈에서 독기가 사라지며 정신이 돌아오듯, 내게도 새로운 시간이 왔다. 떠나와 거리를 두니 엄마가 새롭게 보였고, 엄마가 다르게 보이는 만큼 내가 제대로 보이기 시작했다. 엄마에게 투사하던 내 어둠이 보였다. 그즈음, 엄마의 치렁치렁 치마가 예쁘게 보인 것이다. 엄마가 예뻐 보이니 바리새인으로 살았던 젊은 날의 나와도 조금씩 화해가 되었다. 그 여정을 담은 고백이 『신앙 사춘기』로 출간되었는데, 책을 마무리할 즈음 노래를 한 곡 만들었다. 이 노래를 엄마의 마지막 생신 축하 자리에서 처음 불렀고, 엄마의 영예로운 장례식에서 불렀다.

떠나서 다다른 사랑 (정신실 사/김종필 곡)

(엄마 노래) 예수 사랑하심은 성경에서 배웠네.
우리들은 약하나 예수 권세 많도다.
날 사랑하심 날 사랑하심 날 사랑하심
성경에 쓰셨네 아멘.

(딸의 노래) 예수 사랑 그 사랑 나는 엄마에게 배웠네.
엄마의 눈물 엄마의 걱정 그건 엄마의 기도
예수 사랑 그 사랑 나는 엄마에게 배웠네.
엄마의 노래 엄마의 한숨 그건 엄마의 사랑

그 눈물이 나에게 더욱더 큰 슬픔이 되었고

그 걱정은 내게 와 더욱더 옥죄는 두려움 됐네.

눈물 어린 찬송 걱정 담긴 기도

나 떠났네 나 버렸네 부끄런 그 사랑

날 사랑하심 날 사랑하심

예수 사랑 그 사랑에 나 닿고 말았네.

엄마 곁을 맴돌면서 미워하던 만큼 그대로 따라 하던 나, 엄마의 방문을 보란 듯이 쾅 닫고 나와 신앙 사춘기의 어두운 숲을 헤매던 내가 보인다. 박차고 떠나와 방황하다 결국 다다른 곳은 몸을 입고 이 땅에 오신 예수님의 그 사랑이었다. 제멋대로 구는 나를 휘어잡지 못한 약한 엄마에게 감사한다. 가난하고 배운 것 없어 그럴듯하게 자신을 포장할 수 없었던 엄마가 고맙다. 평생 잔소리를 해 댔지만, 나의 결정적인 선택을 막지 않고(못하고), 그저 다시 기도하는 자리로 갔던 유약한 강직함에 감사한다. 떠날 수 있게 해 준, 떠나되 온전히 떠날 수 있게 해 준 것은 엄마의 부족함이었다. 맹목적인 집착으로밖에 보이지 않았던 예배, 욕망의 투사일 뿐이라고 내가 비난했던 기도, 흠결 많았던 엄마의 신앙과 사랑을 더듬어 몸을 입고 오신 예수님 사랑에 다시 닿았다. 온전히 떠나고 끝까지 미워할 수 있어 새로운 땅에 닿았다.

    신앙 사춘기를 빠져나왔나 싶지만 한편으로 내 영혼의 냉기는 다 가시지 않았다. 온전히 사라지지 않은 분노는 여전히 냉소와 우울로 얼굴을 바꾸어 찾아오곤 한다. 현실에서 드려야 하는 예배는 내 인생 그 어느 때보다 차갑고 메말라 있다. 예배, 엄마가 아닌 내가 한때 그렇게 사모하고 사랑했던 예배다. 그러하기에 더더욱 현실의 예배에 가 앉으면 냉소나 분노 대신 슬픔이 밀려온다. 연오랑과 세오녀가 떠나고 해와 달이 사라지듯, 엄마가 이 땅을 떠날 즈음 이전의 예배가 사라졌다. "내가 죽드라도 성전이 가서 기도하다 죽어야겠다" 하시던 엄마의 예배, 그것이 불가능하게 되었다. 역설적이게도 그렇듯 하나님을 사랑한다면 더는 예배당으로 모이지 않아야 한다. 죽더라도, 다 죽어 가는 몸을 끌고라도 예배당으로 가겠다던 엄마를 조롱하던 내게 온 징벌일까? 교회와 신앙에 대한 지식으로 머리만 커져, 냉소와 비판으로 이전 것은 모두 허물려고 하는 우리를 향한 "그래, 한번 흔들어 줄까? 제대로 무너져 볼래?" 그분의 경고의 손짓일까?

    요즘 주일예배 입례송으로 "여호와의 유월절"을 부른다. "이곳을 지나소서 이곳을 만지소서 내 안에 죽어 가는 모든 예배 다 살아나리라." 엄마 떠나고 두어 달이 지나 대면 주일 예배가 재개되었을 때, 교회에 가서 이 대목을 부르다 목이 막히고 연이어 가슴이 턱 막혔다. 예배 내내 "내 안에 죽어 가는 모든 예배 다 살아나리라" 이 가사가 무한반복으로 재생되었다. 그다음 주일, 또 그다음 주일. 다시 이 찬양을 부르는 시간이 되자 막혔던 목에서 서서히 소리가 나오고, 가슴에 온기가 들어오기 시작했다. 한 주 한 주 지나며 나도 모르게 조금씩 더워지는 마음을 어쩔 수 없다. 내 목소리에 내가 놀란다. "이곳을 덮으소서 이곳을 비추소서 내 안에 무너졌던 모든 소망 다 회복하리니…." 냉기와 슬픔, 외로움에 죽어 가던 예배, 무너졌던 소망이 살아나고 있는 것 같다. 무슨 일일까? 온라인 예배가 일깨운 현상일까?

아, 언제 어디서 떨어진 불씨인지 깨달았다. 엄마의 마지막 사흘. 면회조차 되지 않는 요양병원 중환자실의 엄마와 휴대폰 너머로 불렀던 찬송들이 일깨운 불씨다. 하루 한 번 동생에게만 허락된 면회 시간에 통화를 연결하여 피를 토하듯 찬송을 불렀다. 그것이 코로나로 막히고, 주렁주렁 달린 콧줄과 호흡기로 단절된 엄마 영혼에 닿을 유일한 끈이었다. "예수 사랑하심은 성경에서 배웠네… 나의 갈 길 다 가도록 예수 인도하시니…." 엄마는 내 찬송 소리에 달싹이는 입술로 화답했고, 주르륵 흘리는 눈물로 마음을 전해 주었다. 울음 반 찬송 반으로 제어되지 않는 울부짖음이 새어 나갈까, 드레스룸 구석에 쪼그리고 앉아 노래했다. 슬픔과 안타까움에 압도되어 미친 듯이 불렀다. 돌이켜 보면, 그 노래들이 내 마음에 불을 댕겼다. 성가대 지휘자로, 찬양 인도자로, 음악치료사로 살아오며 불렀던 그 어떤 노래보다 내 영혼의 바닥까지 내려가 모든 것을 끌어올려 부른 찬송들이다. 엄마의 의식을 조금이라도 붙들기 위해, 엄마를 위해 부른다고 생각했는데, 내가 엄마에게 불러 준 것이라 생각했는데, 사실은 그 반대였구나! 엄마 영혼이 내 영혼을 향해 불러 준 마지막 노래였다.

20대 때 불렀던 찬양과 예배가 다시 떠오른다. "거룩한 땅에 우리 여기에 서 있네 주님 계신 이곳 거룩한 땅이라." 예배를 위해 성가대석으로 입장하는 순간 늘 이 대목이 마음에 울렸다. 교회의 어두운 그늘과 부조리들을 모르지 않았다. 청년부 신입생 교육을 위해 읽던 책을 좌파적이라 읽지 못하게 하는 목사님이 있었고, 그에 준하는 일이 비일비재했다. 그럼에도 그 목사 사람과 상관없이 예배 앞에 선 나는 가슴이 떨렸었다.

그런데 언젠가부터 그 예배가 서서히 죽어 갔었다. 예배가 죽는다는 것은 경외심이 사라졌다는 것이다. 거룩한 땅에서 있다는 의식이 없어졌다는 것이다. 하나님에 대한 경외는 사람에 대한 경외로 드러난다. 경외가 사라진 곳에 혐오, 배제, 편 가르기가 난무한다. 그런 세상, 그런 사람을 향해 혀를 끌끌 찼지만 냉소, 혐오, 배제는 예배가 죽은 내 가슴이 만든 세상임을 인정한다. 이제 다시 지펴진 이 불을 꺼트리지 말라는 것이 엄마가 삶으로 남긴 유언이다. "야야, 하나님 두려운 줄 알고 살어"라는 엄마의 목소리를 얼마나 미워했는지 모른다. 엄마 때문에 나를 지옥불에 던질 하나님 두려워하며 살았다고, 벌 받을 것이 두려워 하나님 눈치 보다가 그다음에는 사람들 눈치 보며 왜곡된 신앙을 살았다고 원망했었다. 이제는 두려움이란 말이 새롭게 다가온다. 거룩한 것 앞에서의 경외감, 신앙의 신비에 대해 입을 닫고 머리를 조아리는 두려움이다. 엄마의 인생, 엄마의 마지막 시간을 더듬으며 나는 이제 입을 닫으려고 한다.

연오랑과 세오녀는 왜나라에서 왕으로 사는 삶이 있었기에 다시 신라로 돌아올 수 없었다. 다만 세오녀가 짜서 보낸 비단 한 필로 신라의 해와 달은 다시 빛을 찾았다. 이전의 예배는 지나갔다. 다시 되돌릴 수 없다. 나는 이제 엄마가 남긴 비단 한 필을 붙들고 예배의 삶을 살려고 한다. 냉소 대신 경외로 예배하려 한다. 하나님과 사람을 경외함으로 사랑하려

한다. 떠나고 버렸던 교회, 그 부끄러운 교회에 머물며 부끄럼 당하고 모욕당하고, 복수당하는 일을 사명으로 여기며 나의 예배를 지키려 한다. 좋은 나라에서, 아무 슬픔 없는 그곳에서 엄마를 다시 만나 함께 예배할 때까지다. 엄마가 남긴 비단 한 필이 여기 있으니.

"야야, 하나님 두려운 줄 알고 살어."

합장, 그리고 탈상

마음의 강물에 항시 떠다니는 말들이 있다. 오래되어 강물과 하나가 된 것이다. 마음의 강물과 하나이듯 내 존재와 딱 붙어 버린 말이기도 하다.

합장合葬.

합장이 될 줄 알았다. 아버지와 엄마, 두 죽음이 한 무덤에 묻혀야 끝날 일이었다. 무의식적으로 막연하게 그리 알고 있었다. 언젠가 합장이 되고 나서야 내 이 두려움과 고통은 끝이 나리라.

아버지 돌아가시고 얻은 일종의 지병 같은 '죽음 상상'은 또 다른 죽음이 와야 끝이 날 것이었다. 갑자기 맞닥뜨린 아버지 죽음 끝에, 나는 늘 엄마의 죽음을 상상했다. 그리고 죽음 상상은 살아갈 걱정과 짝을 이루며 왔다. 엄마마저 죽으면 우린 어떻게 하지? 나는 어떻게든 살겠는데 두 살 터울 동생이 걱정이었다. 아버지 돌아가시고 몇 년 지나지도 않아 생전의 아버지보다 더 커진 동생을, 예나 지금이나 몸이 초경량급인 내가 키워야 한다고 생각했다. 돌아보면 작은 어깨에 하나인 듯 두 개의 짐이 얹혀 있었다. 엄마의 죽음과 동생의 삶이다.

그 두 개의 짐 보따리를 아울러 부를 이름은 '책임감'이다. 사실 그 누구도 지워 주지 않은 짐이다. "엄마한테 잘해라, 네가 잘해야 한다, 엄마와 동생 잘 돌봐라." 아버지 장례식 마치고 이런 식의 얘길 들었던 것도 같다. 하지만 결국 '끙차!' 그 보따리 들어 어깨에 떠멘 사람은 나 자신이다. 그 짐은 심리치료와 영성 상담을 공부하고 일을 하며 많이 가벼워졌다. 가느다란 어깨에는 과적 용량이었지만, 덕분에 잘 살아온 면도 있다. 나 자신 돌보는 것, 내 한 몸 책임지는 것은 절로 되었다. 외부로부터 허튼 도움을 기대하거나 내가 감당할 부분을 다른 누구에게 떠넘기려 하지 않았다. 먼저 나를 추슬러야 엄마든 동생이든 돌볼 수 있으니, 내 한 몸 돌보는 것은 기본이어야 했다. 내 심리적·영적 성장의 여정은 동생과 엄마에 대한 '가장家長 의식'을 내려놓는 것과 맞물렸고, 그럭저럭 잘 놓여나고 있었다.

하지만 근본적인 두려움은 쉬이 사라지지 않았다. 휴대폰 벨이 울리고 동생 이름이 뜨면 늘 조금씩 심장이 내려앉다. '그 말'을 들을지 모른다는 각오가 매번 새로웠다.

"누나, 엄마 돌아가셨어."

드디어 그 말을 듣게 된 새벽, 결국 듣고야 말았던 그 말. 그로부터 6개월이 지났다. 그 아픈 말은 상상 속 죽음의 공포로부터 나를 해방시키는 말이다. 그래야 한다.

38년 전, 아버지를 앗아 간 죽음이 내 어깨 위에 올라탔다. 그날로부터 죽음을 짊어진 삶을 살았다. 이제는 합장의 때가 왔다. 더는 엄마까지 빼앗길지 몰라 두려워하고 대비하는 시간을 살지 않아도 된다. 6개월 동안 어쩌다 시작한 애도의 글을 마음 가는 대로 써 왔다. 6개월간의 장례식이었다. 엄마를 그리워하다 아버지 생각이 났고, 아버지 없이 살아온 '고아의 나날'을 복기하며 새롭게 서러웠다. 과연 부모님을 함께 떠나보내는, 합장의 시간이었다.

이제는 기나긴 장례식을 끝내고 상복을 벗을 때가 되었다. 38년 전부터 마음의 장롱에 늘 준비되어 있던 상복이었다. 언제든 꺼내 입을 수 있도록, 자라는 내 몸에 맞게 수선하였다. (아, 나는 자라지도 못했다. 아버지 돌아가시던 그때의 키가 지금과 같다.) 코로나 상황으로 1박 2일 가족장으로 치른 탓(덕분)

에, 40여 년 마음에 품고 있던 상복을 제대로 입지도 못하고 허망하게 엄마를 보냈다. 갑자기 닥친 아버지 죽음으로 내 인생은 온전히 엄마 장례식을 준비하는 삶이었는데 말이다. 잘할 수 있었는데…. 준비된 상주로서 의연하게 장례식 치러 낼 수 있었는데. 두꺼운 초록 스웨터 위, 후줄근한 상복을 걸치고 '불쌍해서 어쩌냐' 하는 시선을 받는 무력한 단발머리 아이가 더 이상 아님을 보여 줄 수 있었는데. 이제는 쓸모없어진 상복을 치워 버리기로 했다. 흔적도 없이 사라진 엄마의 방, 엄마의 물건처럼 내 마음의 방에서 상복은 싹 치워 버리겠다.

내 평생 가장 극복하고 싶었던 것은 '아버지 없음'이었다. '아버지만 계셨다면 내 인생은 이렇지 않았을 텐데'를 수없이 상상해 왔다. 상복을 치우고, 곧 죽음에의 과도한 공포를 거둬 내고 내 인생을 돌아보니, 극복하고 싶었던 그것이 결국 나를 형성하고 지켜 냈다. 오지 않은 엄마의 죽음과 함께 늘 최악의 비극을 상상하며 대비하는 삶, 과도한 책임감으로 삶의 무게에 짓눌려 나는 키도 자라지 않았다. 삶의 비극성은 내게서 떼려야 뗄 수 없는 것이었다. 희망이 생기면 마음 깊은 곳에서 먼저 절망했고, 사랑하는 사람이 생기면 버림받을 걱정이 앞섰다. 언제 어디서든 부조리한 것이 먼저 감지되는 까칠한 사람이 되었다. 아버지 돌아가시고 시작한 일기

쓰기는, 실상 삶의 비극성에 머물러 어설픈 해석이라도 하고픈 몸부림이었다. 정말 나는 부정적이고, 비관적이고, 까칠한 존재였다.

리처드 로어^{Richard Rohr} 신부님의 책에서 깜짝 놀랄 글을 읽었다.

> 삶의 비극성에 대한 감각은 결코 비극적인 것이 아니다. 적어도 '큰 그림'에서 보면 그렇다. 과거와 미래에 연결되어 있는 깊은 시간 안에서의 삶은 우리로 하여금 필요한 고통을 준비케 하고, 자신의 실패와 상실에 절망하지 않도록 우리를 지켜 주고, 오히려 그 모든 것을 통과하여 앞으로 나아가는 길을 제공한다. 그렇게 하여 우리보다 먼저 걸었고 우리보다 나중 걸어갈 거대한 인류 대장정에 합류하는 것이다.°

삶에서 일찍이 만난 아버지의 죽음이 내 인생을 이끌었다. 그렇다, 큰 그림에서 보면 그리 비극적인 것만은 아니었다. 죽음의 공포에 심리적으로 방어하는 능력을 키우며 강해지

° 리처드 로어, 『위쪽으로 떨어지다』(국민북스, 2018), p. 111.

기도 했다. 고통에 머무르지 않고, 실패와 상실에서 아주 무너지지 않는 사람이 되었다. 갈등을 마주하며 견디는 힘이 생긴 것도 일찍 죽음의 뒷모습을 마주한 덕이다. 엄마와 동생에 대한 책임 의식은 조금씩 줄어들고, 대신 그것은 치료와 상담으로 만나는 이들에게로 옮겨 갔다. 나의 마음과 생각이 확장되며 더 많은 이들과의 치유적 연결이 생겨났다. 과도한 책임감이 문제를 일으킬 때도 물론 있지만, 삶의 비극을 통과하며 얻은 책임감은 내게만 있는 보물이라고 자부한다.

고통과 상처는 나를 나답게 하는 존재의 무늬가 되었다. 그 누구도 아닌 나, 나만의 무늬다. 그것을 알기에 나는 사람들의 상처와 함께 그것이 만들 존재의 아름다움을 본다. 그 역시 삶의 비극성에 대한 감각으로 뜨인 눈이다. 고통과 비극은 인간 실존의 기본 설정—그 극한은 죽음이다—이고, 사람과 사람을 이어 주는 끈은 고통이다. 큰 그림에서 보면 그렇다.

기나긴 시간이었다. 재난처럼 밀려든 아버지의 죽음이 삶을 뿌리째 흔들었고, 그때로부터 죽음은 내게 늘 살아 있는 공포였다. 혐오하며 붙들게 되고, 두려울수록 더욱 밀착되는 것이 죽음이었다. 아버지의 죽음이 가져온 변화를 극복하며 나를 형성해 왔다. 쉰이 넘어 마주한 엄마의 죽음은 혐오 대신 생의 신비로 이끄는 문이 되고 있다. 엄마 떠나고 쓰기 시작한 애도 일기는 다시금 '삶의 비극성에 대한 감각'을 있는 대로 세우고 머무는 시간이었다. 글이 이끄는 길을 따르다 이렇게 합장의 날에 이르렀다.

내 인생 가장 치명적인 두 슬픔, 두 죽음이 만나는 자리에서 나는 새로운 죽음에 이끌린다. 저항하지 않고, 회피하지 않고 죽음과 사귀고 싶은 마음이 비로소 든다. 이제야 헨리 나우웬의 이 말이 알아들어진다. 교통사고로 죽음의 문 앞에 섰다 돌아온 후에 쓴 글이다.

> 사람은 모두 예외 없이 죽는다는 것을 경험적으로 알게 될 때, 우리는 심오한 기쁨으로 충만해지며 두려움 없이 죽음과 대면할 수 있습니다. 우리는 "다른 사람들처럼 산다는 것은 좋은 일이야"라고 말할 수 있을 뿐 아니라 "다른 사람들처럼 죽는다는 것도 좋은 일이야"라고 말할 수 있습니다. 어떤 이들은 일찍 죽고, 어떤 이들은 나이 들어 죽습니다. 어떤 이들은 단명하고, 어떤 이들은 장수합니다. 어떤 이들은 병으로 죽고, 어떤 이들은 뜻밖의 사고로 갑자기 죽습니다. 하지만 우리는 모두 죽으며, 똑같이 최후를 맞이합니다. 인간의 위대한 이 공통점을 놓고 볼 때, 우리가 어떻게 살고 죽는가 하는 숱한 차이점들은 우리를 더 이상 갈라놓을 수 없

습니다. 오히려 그 차이점들은 친교의 느낌을 더 깊게 할 수 있습니다. 이러한 전체 인류 가족 간의 친교, 다시 말해 서로 소속되어 있다는 깊은 느낌은 죽음이라는 가시를 뽑아 버리고, 우리에게 역사적 삶의 한계 너머 저 먼 곳을 가리켜 줍니다. 어쨌든 우리는 우리의 결합이 죽음보다 더 강하다는 사실을 압니다.°

죽음과 애도 전문가라 불리는 엘리자베스 퀴블러 로스가 죽음 직전의 사람들 수백 명을 인터뷰하여 쓴 『인생 수업』이란 책이 있다. 죽음 앞에 선 이들이 들려주는 '인생에서 꼭 배워야 할 것들'이다. 그 책의 지혜를 빌리면 죽음은 가장 큰 상실이 아니다. 가장 큰 상실은 우리가 살아 있는 동안 죽어 버리는 것이다. 그들은 우리에게 거듭하여 '아직 죽지 않은 사람으로 살아가지' 말라고 한다. 죽음의 가장 큰 교훈은 바로 '삶'인 것이다.

나는 이제 이 신비 앞에서 상복이 필요 없는 죽음을 생각한다. 나의 죽음이다. 언젠가 마주할 나의 죽음을 가슴으로

° 헨리 나우웬, 『죽음, 가장 큰 선물』(홍성사, 1998), p. 50.

안으려고 한다. 결국 다다를 비극 또는 신비인 나의 죽음을 부드럽게 사귀어 보겠다. 두려워 마주하지도 못하고 등 뒤에 지고 있던 죽음을 말이다. 일찍 돌아가신 아버지가, 6개월 전 떠나신 엄마가 내게 들려주고 싶은 말씀도 이것 아닐까. 삶을 살아라, 네 삶을 살아라. 내 딸아, 이제 죽음을 두려워하는 상복을 벗고 '현재라는 선물'을 살아라. 반드시 죽을 너의 운명을 기억하되 '살아 있는 사람'으로 살아라!

죽음으로 헤어진 엄마와 아버지는 나의 죽음을 통해서만 다시 만날 수 있다. 천국에 갈 이유가 절절하게 또렷하다. 시에나의 카타리나는 "천국으로 가는 모든 길이 천국이요, 지옥으로 가는 모든 길이 지옥이다"라고 말했다. 언젠가 죽음이라는 신비의 문을 통과해 나의 부모님을 만날 때까지, 천국 가는 오늘을 천국의 시간으로 살리라.

탈상脫喪이다.

벚꽃 엔딩: 끝나지 않는 애도를 향하여

엄마 돌아가신 지 1년이 지났다. 기일 당일에는 엄마 무덤에 다녀왔었다. 펑펑 울어야지, 작정하고 부러 혼자 갔는데 눈물이 나지 않았다. 날은 따뜻하고, 메마른 잔디 사이 손톱만 한 초록 풀들이 보잘것없이 예뻤다. 작년 장례식 날엔 그렇게 추웠는데. 비석을 하러 갔던 날에도 어찌나 바람이 거세고 차가운지 머리가 쪼여 두통이 왔었는데.

추모공원 주변을 한 바퀴 도는데 쑥, 냉이 같은 연둣빛 무더기들이 반가웠다. 한쪽에선 자세를 낮추고 들여다보아야 보이는, 크기가 볼펜 심 정도나 되는 하얀 꽃 한 무더기를 보았다. 들꽃들이 으레 그러하듯 이름을 알 수 없다. 우리 엄마 무덤가의 하얀 꽃, 이렇게 부르자. 엄마 무덤가의 하얀 꽃을 보니 작년 통영의 그 동백꽃이 보고 싶어 조바심이 났다. 통영에 가야지, 우리 엄마 꽃이 통영에도 있지! 엄마 꽃 보러 가자.

돌아보면 작년 3월은 흑백의 시간이었다. 그러다 운명처럼 만난 통영의 동백꽃 덕에 잃었던 색감을 다시 찾았다. 거절할 힘이 없어서 따라나섰던 여행이었는데 뜻밖의 선물을 받은 것이다. 발길 닿는 대로 걷다 들어선 공원에 동백꽃이 한창 피고 한창 지고 있었는데, 꽃송이째 떨어져 뒹구는 붉은 동백꽃이 가슴으로 훅 들어왔다. 눈물이 쏟아졌다. 그즈음은 우는 게 일상이었으니 언제 어디서 울어도 이상한 일이 아니었건만, 그 눈물 끝에 흑백 필터가 벗겨지기 시작한 것일까. 여행에서 돌아오니 우리 동네에도 목련이며 개나리가 피어 있었다. 그제야 그 꽃들이 보였다.

그때 통영에서 집으로 돌아오기 전, 한산도를 바라보며 남편과 나란히 앉아서 이런 얘길 했었다. "이제 돌아가야 하는데, 우리 집 거실과 안방 침대가 두려워. 너무 캄캄해. 거기서 견뎌야 할 시간이 막막하기만 해."

거실 테이블과 안방 침대에서 꼼짝하지 않고 지낸 봄과 여름, 그리고 가을 겨울이 지났다. 그 1년을 살아 낸 내가 대견하다. 52년 동안 '있었던' 엄마다. 없는 엄마와의 1년 동안 그 52년보다 더 많이 엄마 생각을 하며 지냈고, 52년 동안 나눴던 대화보다 더 많은 이야기를 했다. 엄마의 몸이 사라진 자리에서 엄마의 존재는 더 커졌고, 없어진 엄마 때문에 많은 것이 달라졌다. 흑백의 거실과 안방 침대를 피하지 않고, 아니 피할 곳이 없어서 그 자리에서 울고, 그리워하고, 잠든 날들이 쌓이고 쌓였다. "있을 때 잘할걸." 이런 말은 떠올리고 싶지도 않다. 엄마가 다시 살아와도 잘할 자신은 없다.

바쁠 때는 한 달 가까이 엄마랑 통화하지 않고 지낸 적도 있다. 한 달이 뭔가. 현대프라임빌 1층 그 방 그 침대에 엄마가 여전히 누워 졸고, 가끔 일어나 기도하고, 다시 졸고 있을 거라면 1년 동안 통화하지 않고 지낼 수도 있다. 실제로 그렇게 지냈다. 내가 아주 오랜만에 전화해도 시간 감각이 없어진 엄마는 섭섭해하지도 않았다. "얼라, 우리 딸이네. 바쁜디 전화를 했네. 오늘이 무슨 요일이냐?" 그러니 크게 죄책감이 들지도 않았다. 엄마 거기 있고, 나 여기 있고, 끊을 수 없는 것으로 연결되어 있다는 확신이 있었으니까.

작년 이즈음, 차가워진 엄마 몸을 끌어안고 울어 봐도 몸부림쳐 봐도 되돌릴 수 없음을 확인했을 때, 화장장의 모니터를 통해 사라지는 엄마의 몸을 확인하고, 엄마 몸이 사라졌다는 것을 받아들였다. 엄마와의 연결이 끝난 것이다. 그렇게 세상은 흑백이 되었을 것이다.

올봄의 나는 시력은 물론 심력도 좋아졌다. 좋아진 정도가 아니다. 봄에 피어나는 새잎과 새싹, 꽃봉오리들을 채도와 명도 차이까지 느끼며 즐기고 있다. 하루하루 짙어지는 연둣빛을 온몸으로 느끼며 매일 산책하고 있다. 봄이 이렇게 좋았던가? 푸르름의 생명력이 이렇듯 찬란했던가? 마치 처음 만난 봄처럼 말이다. 내 몸에 채워진 이 생기를 가지고 통영의 봄을 다시 마주하고 싶었다. 아니, 바로 그 동백꽃 앞에 서고 싶었다. 툭 떨어져 붉게 뒹구는 찬란한 슬픔을 다시 만나고 싶었다. 펑펑 울며 남은 슬픔을 토해 내든, 엄마 없는 1년 잘 살아 낸 나를 격려하든, 뭐든 좋다. 그 흑백의 시간에 유일한 색으로 남은 한 장면이 1년 내내 그리웠다. 시간이 가길 기다렸다. 1주년 기념(추모도 아니고 추념도 아니고 기념이라니!)을 핑계 삼아 여행을 가야지!

이번엔 남편이 아닌 채윤이와 함께했다. 조수석에 무력하게 누워 실려 갔던 작년과 달리 운전대를 잡고 가속 페달 꾹꾹 눌러 밟으며 갔다. 든든한 조수이며 감각 좋은 DJ가 운전자가 피곤하진 않은지 수시로 살피고, 적절한 음악도 틀어 주니 금상첨화였다. "엄마, 졸려? 피곤하지 않아? 쉬었다가 갈까? 졸린 것 같은데… 잠 깨는 음악 틀까?" 엄마 걱정인 줄 알았더니 제 졸음 못 이기는 몸부림이었고, 이내 곯아떨어져 쌕쌕거리는 것도 보기 좋았다. 흑백의 시간 동안 내 손과 귀가 되어 주었던 채윤이, 곁에서 가장 따뜻하게 살펴 준 딸에게 붉은 동백꽃 주단을 보여 줘야지. 여자, 엄마, 딸로서 동지애를 나눠야지. 해변을 걸어도 좋고, 바다가 보이는 카페에 앉아도 좋을 것이다. 여자의 삶, 붉은 열정, 슬픔과 그리움을 말 없는 말로 나누는 여행이 되리라.

드디어 작년 그 공원 그 숲에 섰는데, 동백꽃은 간데없고 벚꽃만 만발해 있었다. 전에 없이 개화 시기가 빠른 봄이라는 뉴스가 뒤늦게 생각났다. 응달의 키 작은 동백나무가 뒤늦게 피어난 한두 송이 꽃을 달고 지나친 푸르름에 휩싸여 있었다. 심사숙고해 검색한 맛집의 해물도, 도다리 쑥국도 그저 그랬다. 여기에 더해 하염없이 바닷가를 걷기로 했던 이튿날엔 최악의 미세먼지로 눈앞이 뿌옜다. 실은 그리 실망스럽지 않았다. 아름다웠던 기억이 그대로 재현될 거란 기대 자체가 환상이었다. 시공간과 물리적 조건을 완벽하게 복사해 놓는다 해도 같은 감정에 머물게 될 리 없다. 무엇보다 내가 1년 전의 내가 아닌데 말이다. 동백꽃도 없고, 기대했던 위로가 없어서, 달라진 내가 더 잘 보였다.

미세먼지로 가로막힌 산책 대신 드라이브를 했다. 채윤이가 특유의 지리 감각을 발휘하여 정한 코스가 신의 한 수였다. 나가사키의 소토메 마을이 떠오르는 해변 마을을 만났다. "인간은 이렇게 슬픈데, 주여, 바다가 너무나 파랗습니다." 엔도 슈사쿠의 '침묵의 비'가 있는 그 마을 말이다. 슬프고 슬픈 인간의 실존에도 그저 푸르를 뿐인 바다가 야속하다고만 생각했었다. 인간이 이렇듯 슬프고, 그립고, 그리워서 슬픈데… 그 슬픔을 안고도 다시 웃고, 살아지는 것이 어쩐지 조금 부끄럽다. 그런 인간이, 내가 다시 슬프다. 내 슬픔이 어떠하든 무덤덤하게 그저 푸르게 제 생긴 모양을 지키는 바다가 문득 고마웠다. 야속하기보다 고맙다. 고통에 침묵하시는 그분께도 어쩐지 감사의 기도를 드리고 싶어진다.

올해 부활절도 영상예배로 드렸다. 늘 그렇듯 혼자 노트북 앞에 앉아 목소리 내는 것이 민망하여 입술만 달싹거렸다. 찬송하는 내 겉모습은 꼭 엄마 강요에 억지로 앉아 예배 시늉만 하는 청소년과 같았지만, 마음 풍경은 달랐다. "사셨네 사셨네 예수 다시 사셨네." 음이 높아 더욱 소리를 삼켰지만, 목구멍이 뜨겁고 가슴이 뻐근했다.

몸을 입었던 예수님이 '죽었다'는 것의 의미를 안다. 아무리 끌어안고 부비고 흔들어 봐도 다시 어떻게 해 볼 수 없는 몸, 차갑게 딱딱하게 굳어 버린 몸이 되었다는 것이다. 이럴 수는 없다고 아무리 부정해 봐도 거기 담겼던 온기를, 생기를 결코 회복할 수 없는 것이 죽음이다. "예수 다시 사셨네." 이 찬송을 처음 부르는 것처럼 알아듣는다. 만신창이 되어 굳고 차가워진 몸이 다시 말랑해지고 따뜻해졌다는 것이다. 그것이 부활이다.

인간의 몸을 하고 이 땅에 오신 예수님. 33년, 아니 30년은 있는 듯 없는 듯 계시다 단 3년 반짝하고 하늘로 돌아가셨다. 그분과 몸으로 부대끼며 살고 배웠던 제자들에게 성금요일 다음 날 토요일은 어떠했을까? 그 절망은, 슬픔과 두려움과 부끄러움은. 그리고 부활! 제자들은 드디어 알아들었을 것이다. 몸 너머의 존재, 압제와 탄압, 부조리의 갈릴리 너머 세계를. 몸의 부활을 눈앞에서 확인시키고 떠나신 선생님의 부재가 오히려 생생한 가르침으로 함께했을 것이다. 몸이 기억하는 선생님의 목소리, 표정, 함께 먹고 마시던 일, 대화 같은 것이 떠오르면 미치도록 그리웠을 것이다. 그럴수록 피를 토하는 심정으로 더 많은 사람에게, 그분에게서 들은 복음 전하는 일에 매진했을 것이고, 그러다 그분처럼 조롱당하고 버려지고 죽기를 마다하지 않은 것이다.

나도 엄마의 부재를 절절하게 느끼며 몸 너머의 존재를 상상한다. 몸이 사라진 자리에서 엄마의 존재는 더 커지고 투명해졌다. 엄마 없는 세상, 엄마 없는 거실과 안방 침대를 피하지 않고, 아니 피할 곳이 없어서 그 자리에서 울고, 그리워하고, 쓰다 지쳐 잠든 날이 쌓여 1년이 되었다. 엄마는 없지만 엄마가 남긴 것들이 또렷해지는 걸 보니, 몸 너머 무엇인가로 더 깊이 연결되고 있음이 분명하다. 우리 엄마 영혼의 모양이 느껴진다. 영혼이 아름다운 사람에게서 나는 향기를 알 것도 같은 느낌이다. 느껴지는 그 느낌을 믿기로 했다. 거부하지 않고 순간순간 감동하기로 했다. 몸과 말, 말과 행동, 행동과 생각 너머 사람 사람의 영혼이 어떻게 순간순간 빛나는지 더 적극적으로 발견하기로 했다. 아빌라의 테레사 말씀처럼 "영혼이 지니고 있는 좋은 것들, 그 위대한 가치와 아름다움"을 말이다. 그건 부재로 인해 더 투명해지고 커진 엄마 영혼이 내게 거는 말이다. 엄마가 병원에 입원해 있던 작년 2월, 카카오톡 프로필을 엄마 사진으로 해 두고 그 밑에 "빛나는 영혼"이란 상태 메시지를 적어 두었었다. 아, 그때도 알고 있었다. 망가진 몸으로 인해 더욱 찬란하게 돋보이는 엄마의 영혼을.

바다를 끼고 달리는 해안도로는 소토메 마을 닮은 마을을 지나 이내 긴 벚꽃 길로 이어졌다. 와아, 탄성이 절로 나왔다. 만개한 벚꽃으로 미세먼지 가득한 하늘을 잊는다. 떨어져 누운 동백꽃 한 송이를 보러 간 통영에서 만난 것은 흐드러진 벚꽃이다. 계획대로 된 것은 하나도 없지만, 나쁠 것 없었다. 아니 오히려 좋았다. 하나하나 착착 틀어지는 계획을 확인하며 오히려 깔깔거리게 되었다. 집으로 돌아오는 날, 육안으로도 또렷하게 확인되는 미세먼지가 마지막 한 방이었는데, 어이없어 웃으며 농담하다 배를 쥐고 깔깔거리게 되었다.

1년 만에 같은 자리에 서 보니 지나온 1년이 아득하기만 하다. 그 흑백의 시간을 어떻게 헤쳐 나와 이렇듯 흩날리는 벚꽃에 감탄하는 오늘이란 말인가. 아무 걱정 없이 딸과 함께 수다 떨며 깔깔거리는 달착지근한 시간이라니. 작년 이 무렵 통영을 생각하면 기적 같은 일이다.

아, 기적은 아니지만 동화 같은 일이 벌어졌다. 윤이상 기념공원에서였다. 음악 하는 채윤이가 꼭 알았으면 하는 윤이상 선생을 소개하고 싶은 마음에 거기서 느긋하게 머물렀다. 전시관을 둘러보고 나와 조용한 작은 공원을 기분 좋게 걷고 있는데, 어디선가 아이 하나가 통통 뛰어와 내 앞에 섰다. 놀랄 새도 없이 아이가 쓱 내미는 걸 받아들었다. 얼떨결에 받아 들고 정신 차려 보니 아이는 벌써 저쪽으로 통통 사라지고, 내 손엔 작은 벚꽃 몇 송이가 들려 있다. 뭐지? 갑자기 동화 속인가? 작년 그 공원에서 갑자기 눈앞에 펼쳐진 붉은 동백꽃의 향연만큼이나 신비로운 만남이다. 멋진 벚꽃 엔딩이다. 살아온 1년 끝의 오늘은 내가 애써 정복한 결과가 아니라 훅 들어온 선물이다.

통영 다녀온 다음 날이었다. 차에 기름을 넣으러 주유소에 들렀는데, 연세 지긋한 주유원분이 자동차에 붙은 세월호 노란 리본에 딴지를 걸었다.

"저걸 아직도 달고 다녀요? 언제 적 세월호야? (쯧쯧)"

익숙한 상황이다. 짧은 순간 여러 생각과 말이 스치지만, 결국 무반응으로 반응하게 된다. 다만 표정까지 무반응일 수는 없었나 보다. 그분은 내 표정을 살피더니 아차 싶었는지, 힘이 빠져 들릴락 말락 하는 소리로 "아니, 이제 잊어야지 뭐…" 했다.

잊어야지, 잊어야지… 잊으라고? 잊힌다고? 안전핀이 뽑힌 것처럼 뭔가 마구 치밀어 올랐다. 분노, 설움, 슬픔 같은 것이 동시에 올라와 일순간 뒤엉켜 폭발할 것 같았다. 저 입을 다물게 할 말이 무얼까. "내 아이예요. 내가 세월호에서 아이를 잃은 엄마라고요!"라고 할까. 결국 아무 말 못하고 차에 올랐다. 심장이 쿵쿵 뛰었다. 잊으라니, 잊으라니… 잊을 수 없겠구나, 결코 잊을 수 없겠구나, 잊은 게 아니었구나!

멀쩡하고 즐겁게 통영 다녀온 것은 엄마를 잊었기 때문이 아니다. 무엇으로도 채울 수 없는 텅 빈 마음이 괜찮아서가 아니다. 잊어서가 아니다. 자크 데리다는 '애도에 완성이나 종결은 없으며, 애도는 실패해야, 그것도 잘 실패해야 성공한 것'이라고 했다. 동백꽃이 벚꽃이 되고, 봄이 여름이 되고, 1주기가 2주기, 10주기가 되어도 애도는 끝이 없을 것이다. 마침표 없는 애도, 잊지 못함이 오히려 엄마와 나를 새로운 끈으로 연결한다. 새롭게 잊지 못할 때 새로운 만남으로 엄마를 다시 만난다. 엄마의 빛나는 영혼을 만난다. 나 또한 이 작은 몸을 떠나, 영혼과 영혼으로 엄마를 만날 그때까지 애도는 끝나지 않을 것이다. 잊지 못할 것이다. 벚꽃 엔딩은 엔딩이며, 새로운 시작이며, 늘 지금 이 순간이다.

애도의 계절을 함께 지나온 책

게이버 메이트, 『몸이 아니라고 말할 때』, 김영사, 2015.
김영봉, 『사람은 가도 사랑은 남는다』, IVP, 2016.
김형경, 『좋은 이별』, 사람풍경, 2012.
니콜라스 월터스토프, 『나는 사랑하는 사람을 잃었습니다』, 좋은씨앗, 2003.
데이비드 스위처, 『모든 상실에 대한 치유, 애도』, 학지사, 2011.
도널드 밀러, 『아버지의 빈자리』, IVP, 2014.
롤랑 바르트, 『애도 일기』, 이순, 2012.
리처드 로어, 『위쪽으로 떨어지다』, 국민북스, 2018.
문종원, 『상실과 슬픔의 치유』, 바오로딸, 2011.
박완서, 『한 말씀만 하소서』, 세계사, 2004.
박정은, 『슬픔을 위한 시간』, 옐로브릭, 2018.
베레나 카스트, 『애도』, 궁리, 2015.
스베틀라나 알렉시예비치, 『체르노빌의 목소리』, 새잎, 2011.
스에모리 지에코, 『언어, 빛나는 삶의 비밀』, 바오로딸, 2020.

엘리자베스 퀴블러 로스, 『생의 수레바퀴』, 황금부엉이, 2009.
엘리자베스 퀴블러 로스, 『죽음과 죽어감』, 청미, 2018.
엘리자베스 퀴블러 로스·데이비드 케슬러, 『상실 수업』, 인빅투스, 2014.
엘리자베스 퀴블러 로스·데이비드 케슬러, 『인생 수업』, 이레, 2006.
왕은철, 『애도예찬』, 현대문학, 2012.
왕은철, 『트라우마와 문학, 그 침묵의 소리들』, 현대문학, 2017.
캐시 피터슨, 『애도 수업』, 샘솟는기쁨, 2018.
텐도 아라타, 『애도하는 사람』, 문학동네, 2010.
폴 투르니에, 『고통보다 깊은』, IVP, 2004.
헨리 나우웬, 『거울 너머의 세계』, 두란노, 2012.
헨리 나우웬, 『죽음, 가장 큰 선물』, 홍성사, 1998.
C. S. 루이스, 『헤아려 본 슬픔』, 홍성사, 2004.

추천의 글

한 사람의 애도 일기를 읽습니다. 그것은 사랑하는 사람에 대한 애가이며, 또한 슬픔으로 인해 깊은 곳으로 내던져진 한 영혼의 신음이요 통곡입니다. 저자는 내면 깊은 곳에서 솟아나는 옛 기억들, 묻어 두었던 상처와 아픔들, 사랑하는 사람의 부재에서 오는 혼란과 슬픔을 있는 그대로 쏟아 놓습니다. 때로는 욥기를 읽는 듯하고, 때로는 시편을 읽는 듯하고, 또 때로는 전도서를 읽는 듯합니다. '날것'의 마음을 있는 그대로 쏟아 놓았기에 눈을 뗄 수가 없습니다. 읽는 동안에는 나의 아픔과 상실의 기억이 소환되어 공감을 느끼고, 다 읽고 나니 심하게 깨어져 울고 난 후처럼, 아픈 마음이 말갛게 씻겨 있음을 느낍니다. 책을 읽는 내내 누군가가 눈물 고인 눈으로 내 이야기를 들어 주며 "나도 그랬어!"라고 말하는 것 같습니다. 저자가 다른 사람들의 애도 일기를 읽으며 치유와 회복을 경험한 것처럼, 저자의 애도 일기인 『슬픔을 쓰는 일』도 많은 이들에게 상실의 어두운 숲을 지나도록 도와줄 책입니다.

김영봉 와싱톤사귐의교회 담임목사, 『사람은 가도 사랑은 남는다』 저자

저자가 밝힌 대로 이 책은 '미친년 넋두리'를 글로 옮긴 책입니다. 그도 그럴 것이 부모를 떠나보내는 일이 맨 정신으로 할 수 있는 일은 아닙니다. 50여 년의 긴 세월을 엄마로서 존재했던 이가 죽음의 문을 열고 떠나갈 때 자식이, 그리고 같은 여성인 딸이 어떤 심리적 과정을 겪게 되는지 저자는 진심을 다해 보여 줍니다. 부모의 죽음이 어떻게 원초적 상처를 건드리는지, 과거에 해결하지 못했던 아픔을 어떻게 직면시키는지, 그리고 상처는 어떤 과정을 통해 인간을 성장시키는지 지켜보면서 저도 못다 한 부모 상실의 애도를 다시 할 수 있었습니다.

이것이 아마 이 책이 원하는 바일 것입니다. 살아 있는 우리가 부모의 죽음을 통해 서로 연결되는 것, 상실로 아파할 세상의 모든 고독한 자식들의 손을 잡아 주는 것 말입니다. 그래서 아프지만 참 깊고 따뜻한 책입니다.

박미라 치유하는 글쓰기 연구소 대표, 『치유하는 글쓰기』 저자

슬픔에는 찬연한 아름다움과 깊이가 있습니다. 그래서 슬픔에는 우리 삶을 맑은 시선으로 바라보게 하는 힘이 깃들여 있습니다. 그래서 누군가는 이야기했지요, '슬픔에게 목소리를 주라'고요. 저자는 홀어머니를 여읜 슬픔을 시간의 흐름을 따라 적어 내려갔습니다. 그래서 그의 글 한 줄 한 줄에는 기억들이, 그리고 그때는 못다 알아챈 어머니의 사랑과 깊은 신앙의 삶이 담겨 있습니다.

모든 슬픔은 갑자기 내 집에 뛰어든 나그네처럼 낯설고 또 어색합니다. 그리고 내 삶의 저 깊은 밑동을 사정없이 흔들어 댑니다. 우리가 살아가면서 겪는 생의 커다란 부분이 상실과 슬픔임을 인정하면

서도, 내게 다가온 슬픔 앞에서는 늘 어설프고 당황스럽습니다. 하지만 이 슬픔은 익숙해져 버린 일상 속에서 생의 진실과 핵심을 바라보게 하는 진정성 있는 초대일 겁니다. 상실과 슬픔이라는 카드를 조심스레 펼쳐 보면, 거기에는 놀랍게도 우리가 당연하게 알고 누렸던 행복과 사랑이 우리에게 인사합니다. 저자는 슬픔과 상실을 만나고 친해지는 과정을 글쓰기를 통해 풀어냈습니다. 영혼의 춤을 추듯 애도의 글쓰기를 해 나갔습니다. 이 글은 너무나 절절하여, 쓴 글이 아니라 써진 글, 숨 쉬기 위해 적어 나간 글이라고 저자는 고백합니다.

그동안 마음 아픈 사람들과 함께 치유 작업들을 해 왔던 저자는 이 책을 통해 사람이 사람을 깊이 만나게 해 주는 슬픔의 연대성에 대해 관심하며 이렇게 적었습니다. "아버지 없이 자란 아이의 마음, 엄마 잃은 딸의 마음을 내보여 같은 사실을 경험한 이들과 연결되고 싶어졌다. 이제라도 내 글을 읽으며 뒤늦은 슬픔을 느끼고, 애도의 공간으로 들어갈 누군가를 상정하니 힘이 났다." 그렇게 저자는 끝나지 않는, 혹은 갑작스레 다가오는 생의 상실들을 경험하고 보내 주는 일에 대해, 서로 물길이 되는 동행을 이야기합니다. 이 애도 일기는 적절한 애도를 거치지 못해 늘 마음 아픈 누군가의 마음에 닿아 상실을 깊이 살아 낼 위로가 될 것입니다. 너무나 정직해서 서럽게 아름다운 이 고백들은 읽는 이의 마음에 길을 내어 자신의 상실을 마주할 용기를 북돋우어 줄 것입니다.

박정은 홀리네임즈 대학교 영성학 교수, 『슬픔을 위한 시간』 저자

슬픔을 쓰는 일

초판 발행_ 2021년 6월 24일

지은이_ 정신실
펴낸이_ 정모세

펴낸곳_ 한국기독학생회출판부
등록번호_ 제313-2001-198호(1978.6.1)
주소_ 04031 서울시 마포구 동교로 156-10
대표 전화_ (02)337-2257 팩스_ (02)337-2258
영업 전화_ (02)338-2282 팩스_ 080-915-1515
홈페이지_ http://www.ivp.co.kr 이메일_ ivp@ivp.co.kr
ISBN 978-89-328-1838-2

ⓒ 정신실 2021

책값은 뒤표지에 있습니다.
무단 전재와 복제를 금합니다.